# 証券市場の基礎理論

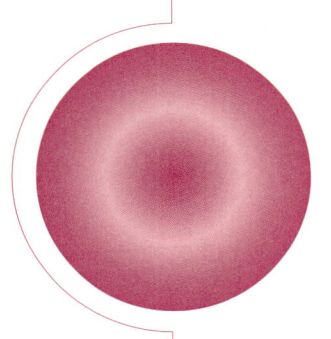

佐藤 猛 著

税務経理協会

# はしがき

　ひょんな経緯から大学で「証券市場論」を教えて10年余を経過したが，まだ証券市場についてわからないことが多く，講義のため，また論文を書くための下準備として基礎理論をノート（実際はパソコンの中であるが）にメモ書きしている。思い出せば，当時はビック・バン（big bang）の嵐が吹き荒れている最中，Lorei et al. [1984] *The Stock Market:Theories and Evidence* を読んで感激したが，一方，Jarrow et al. [1995] *Finance* や Duffie [1996] *Dynamic Asset Pricing Theory* を手にした時，知識不足でほとんど理解できず，先々不安に駆られたことを思い出す。時として人間は未知なるものに埒外な畏敬を持つものである。

　一方，証券市場の環境は証券化，ベンチャー企業，コーポレート・ガバナンス，ＩＴ投資，Ｍ＆Ａ，証券取引所の株式会社化，気づくと商法・証券取引法はすでになく，会社法・金融商品取引法へと様変わりである。証券市場の環境はめまぐるしく変化するが，証券市場の環境の「虚ろさ」についてはこれまで多く実務で経験してきた。さりとて基礎理論は現実をある前提から出発したモデルの厳密性，正確性の探求であるので，問題の真の前進によって無視されてしまい，結局のところ時間と労力との空費に終わってしまう「脆さ」をも露呈する。時々，こうした K.Popper の言葉が脳裏に過ぎることもある。「虚ろさ」と「脆さ」の狭間を彷徨しなければならないのだろう。最近は人間の「怪しさ」も加わる。

　そうこうしているうちに，多くの文献や参考書の力を借りながら，できる限り咀嚼し，書き続けているノートが少したまってきたので，プライシング・モデルの基礎理論，特に資本市場の均衡化理論を中心に整理する必要性を感じ始めた。その意味で自然に成熟した落柿のようなものであるから，若干の価値観，体系，感性，そしてレベルが反映されたものとなり，気後れしてしまったが，勇気をもって上梓することにした。特に本書は証券市場をすでに学んだ人の体系的なまとめや証券市場講義の補助として便宜に資すると思う。しかし，当初，

イメージした基礎的体系化とは程遠く，また不完全な部分も多く，浅学ゆえに誤解もあろう。それゆえ読者諸氏の御叱咤を願う次第である。

　こうした出版へ背中を押してくれた税務経理協会の峯村英治氏に感謝の意を表したい。

　最後に，初めて上梓する本書を生前お世話になった故水越潔先生・故角谷光一先生の墓前に捧げたいと思う。「それよりも地道に研究を続けなさい。」と諸先生の叱咤される声が聞こえてきそうである。その道は長くて遠く，そして光陰，矢の如しである。

平成19年10月

著　　者

# はじめに

　証券市場における体系は「証券市場の基本デザイン」で示したとおり市場プレヤーとして投資家，企業・政府，金融業者，市場開設者・規制関係者である。そのアプローチとして，証券市場の史的展開，現在の制度，理論（投資，ファイナンス），実証研究が挙げられる。そのうち本書は証券市場の投資に焦点を当てた基礎理論，特に均衡化理論についてモデルにより体系化を試みた。

　本書のような内容は企業のファイナンス理論として取り扱われ，証券市場の一部と重複していると思われる。本書の構成は第1部　市場構造（第1章－第4章），第2部　ファンダメンタルズと投資心理（第5章－第8章），第3部　ポートフォリオ（第9章－第11章），第4部　デリバティブ（第12章－第14章）からなる。だが，各章は別々のものではなく，すべて相互関連性を持っている。特に効率的市場または無裁定取引，マルチンゲールは投資理論の中核的な概念である。また第2部第8章の投資心理は不均衡化理論かもしれないが，均衡化理論の乖離というスタンスから本書に敢えて含めた。記述は理解しやすいように，数値事例やさらに必要に応じてコンピュータ・モデリング[1]を加えるなど工夫を凝らしたものの，説明が不十分な部分も否めない。そのときは注の参考文献でさらに深耕してほしい。願わくば本書から証券市場の時系列分析，一般均衡理論そして不均衡化モデルへ進展していく足がかりとなれば幸いである。

---

1）　ＯＳは window XP の Excel でこれは Microsoft 社の登録商標である。

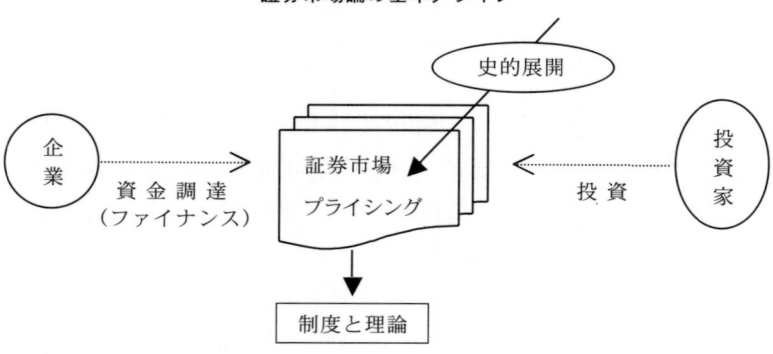

[注　意]
1　引用，依拠した文献，または参考文献は各章の（注）で表示している。
2　図表の中で出所の表示，または注の記載がない場合は筆者作成である。
3　モデルに用いる記号はできる限り統一を図ったが，同じ記号で異なる場合もある。
4　数式展開は微分の公式以外，必要に応じて各章で説明を行っている。

平成19年10月

著　者

# 目　　次

はしがき

はじめに

## 第1部　市場構造（Market Structure）

### 第1章　資本市場　3

  1　市場と証券 …………………………………………………… 3

    1.1　金融市場の類型 ………………………………………… 3

    1.2　対象証券の定義 ………………………………………… 4

    1.3　発行市場における証券 ………………………………… 4

    1.4　証　券　化 ……………………………………………… 5

  2　フィッシャー・モデル ……………………………………… 6

    2.1　フィッシャー・モデル ………………………………… 6

  3　証券の収益率 ………………………………………………… 8

    3.1　連　続　複　利 ………………………………………… 8

    3.2　フィッシャー効果 ……………………………………… 9

    3.3　株式の収益率 …………………………………………… 10

    ［付録］　微分の公式 ………………………………………… 11

### 第2章　効用関数　12

  1　期　待　効　用 ……………………………………………… 12

    1.1　セント・ペテルスブルグのパラドックス …………… 12

    1.2　効用関数と富 …………………………………………… 13

## 2 効用関数 ································································ 14
### 2.1 効用関数の種類 ························································ 14
### 2.2 効用関数曲線の性格 ···················································· 16
## 3 効用関数の分析 ···························································· 16
### 3.1 絶対的危険回避度 ······················································ 16
### 3.2 ＨＡＲＡ族効用関数 ···················································· 17
### 3.3 ＨＡＲＡ族効用関数と危険回避度 ········································ 17
## 4 期待効用極大化 ···························································· 18
### 4.1 ＩＡＲＡ型 ··························································· 18
### 4.2 ＣＡＲＡ型 ··························································· 19

# 第3章　無裁定・完備市場 ················································· 20
## 1 無裁定市場 ······························································· 20
### 1.1 無裁定条件 ··························································· 20
### 1.2 無裁定市場 ··························································· 22
## 2 完備市場 ································································· 22
### 2.1 複製可能 ····························································· 22
### 2.2 アロー・ドブリュー証券 ················································ 23
### 2.3 複製事例 ····························································· 24
## 3 リスク中立確率測度 ······················································· 24
### 3.1 リスク中立確率測度 ···················································· 24
### 3.2 ２項ツリー ··························································· 25
### 3.3 複　　製 ····························································· 26
## 4 マルチンゲール ··························································· 26
### 4.1 定　　義 ····························································· 26
### 4.2 変換方法 ····························································· 27
### 4.3 表現定理 ····························································· 28

## 5 パレート最適と均衡 ……………………………………………28
### 5.1 パレート最適 ……………………………………………28
### 5.2 一般均衡 ………………………………………………29

# 第4章　効率的市場仮説　　　　　　　　　　　　　　　　30
## 1 効率的市場の類型 ……………………………………………30
### 1.1 定　　義 ………………………………………………30
### 1.2 効率的市場の類型 ……………………………………31
### 1.3 マルチンゲールとファーマの基準 …………………32
## 2 ランダム・ウォークの細分 ………………………………33
## 3 イベント・スタディ ………………………………………34
### 3.1 方　　法 ………………………………………………34
### 3.2 実証結果 ………………………………………………36
## 4 効率的市場仮説への疑問 …………………………………37
### 4.1 ボラティリティ・テスト ……………………………37
### 4.2 アノマリー ……………………………………………38
### 4.3 ファーマの改定 ………………………………………39

# 第2部　ファンダメンタルズと投資心理
## (Fundamentals & Investment Psychology)

# 第5章　株　　式　　　　　　　　　　　　　　　　　　　43
## 1 ファンダメンタルズによる株価 …………………………43
### 1.1 配当基準 ………………………………………………43
### 1.2 利益基準 ………………………………………………44
## 2 マルチンゲールによる株価 ………………………………45
### 2.1 マルチンゲールによる株価 …………………………45
### 2.2 利益か配当か …………………………………………46

3　ROEと資本コスト ……………………………………………… 47
　　　3.1　ROE …………………………………………………………… 47
　　　3.2　EBOモデル …………………………………………………… 48

## 第6章　債　　券 　　　　　　　　　　　　　　　　　　　50

　　1　利回り（イールド）……………………………………………… 50
　　　1.1　利回り（イールド）…………………………………………… 50
　　　1.2　YTMの計算 …………………………………………………… 51
　　2　デュレーション ………………………………………………… 52
　　　2.1　マーコレーのデュレーション ……………………………… 52
　　　2.2　修正デュレーション ………………………………………… 54
　　　2.3　デュレーションの特徴 ……………………………………… 54
　　　2.4　コンベクシティー …………………………………………… 55
　　　2.5　イミュニゼーション ………………………………………… 55
　　3　金利の期間構造 ………………………………………………… 56
　　4　モーゲージ証券（MBS）……………………………………… 58
　　　4.1　MBSのキャッシュ・フロー ………………………………… 58
　　　4.2　MBSのリスク ………………………………………………… 59
　　　4.3　CMO …………………………………………………………… 61

## 第7章　確 率 過 程　　　　　　　　　　　　　　　　　　62

　　1　確率過程としての株価…………………………………………… 62
　　　1.1　ランダム・ウォーク ………………………………………… 62
　　　1.2　2項モデル …………………………………………………… 63
　　　1.3　ブラウン運動 ………………………………………………… 65
　　　1.4　マルコフ過程 ………………………………………………… 67
　　2　確率過程としての債券…………………………………………… 69
　　　2.1　債券の評価式 ………………………………………………… 69

2.2　イールド・カーブ・モデル ……………………………………69
　　　2.3　格付けの推移確率 ………………………………………………70
　3　確率過程のシミュレーション ……………………………………………71
　　　3.1　株価の幾何ブラウン運動 ………………………………………71
　　　3.2　ヴァシチェク・モデル …………………………………………72

# 第8章　投資心理　73

　1　行動ファイナンスの位置づけ ……………………………………………73
　　　1.1　背　　景 …………………………………………………………73
　　　1.2　相互批判と融合 …………………………………………………74
　2　プロスペクト理論 …………………………………………………………75
　　　2.1　評価関数 …………………………………………………………76
　　　2.2　ウェイト関数 ……………………………………………………76
　3　ファンダメンタルズ・リスク ……………………………………………77
　　　3.1　ＤＳＳＷモデル …………………………………………………77
　　　3.2　ＤＳＳＷのインプリケーション ………………………………78
　4　裁定の制約 …………………………………………………………………79
　　　4.1　Ｓ－Ｖモデル ……………………………………………………79
　　　4.2　Ｓ－Ｖのインプリケーション …………………………………80
　5　過剰反応モデル ……………………………………………………………80
　　　5.1　ＢＳＶモデル ……………………………………………………80
　　　5.2　ＢＳＶのインプリケーション …………………………………81
　6　投　資　心　理 ……………………………………………………………81
　　　6.1　記述モデル ………………………………………………………81
　　　6.2　類　型　化 ………………………………………………………82
　　　6.3　投資心理の事例 …………………………………………………83

# 第3部　ポートフォリオ（Portfolio）

## 第9章　ポートフォリオ　……87
### 1　基本公式　…………87
#### 1.1　リスクとリターン　………87
#### 1.2　前提　………88
#### 1.3　2証券のポートフォリオ　………88
#### 1.4　3証券のポートフォリオ　………89
#### 1.5　n証券のポートフォリオ　………89
### 2　数値事例　…………90
#### 2.1　リスクとリターンの計算　………91
#### 2.2　2証券のポートフォリオの計算　………91
### 3　標準問題　…………92
#### 3.1　効用曲線とポートフォリオ　………92
#### 3.2　効率的フロンティア　………93
#### 3.3　標準問題　………95
### 4　無リスク資産の導入　…………96
### 5　ポートフォリオの性格　…………97
#### 5.1　分離定理　………97
#### 5.2　保険原理　………98
### 6　効率的フロンティアの計算　…………98
#### 6.1　Excelの操作　………98
#### 6.2　3証券のポートフォリオの計算　………100

## 第10章　ＣＡＰＭとＡＰＴ　……101
### 1　ＣＡＰＭ　…………101
#### 1.1　CML　………101

目　　次

　　1.2　ＣＭＬの事例……………………………………………102
　　1.3　ＣＡＰＭの導出…………………………………………103
　　1.4　ＳＭＬ……………………………………………………105
　2　ＣＡＰＭの拡張………………………………………………106
　　2.1　ゼロ・ベータＣＡＰＭ…………………………………106
　　2.2　消費ＣＡＰＭ……………………………………………107
　　2.3　ロールの批判……………………………………………108
　3　Ａ　Ｐ　Ｔ……………………………………………………108
　　3.1　ＡＰＴの基本……………………………………………108
　　3.2　ＡＰＴの一般化…………………………………………110
　　3.3　ＡＰＴモデルの利用……………………………………111

## 第11章　ポートフォリオ・マネジメント　112
　1　ポートフォリオの評価方法…………………………………112
　　1.1　ポートフォリオの評価方法……………………………112
　2　バリュー・アット・リスク…………………………………115
　　2.1　バリュー・アット・リスク……………………………115
　3　投資スタイル…………………………………………………116
　　3.1　投資スタイルの類型……………………………………116
　　3.2　ファーマーフレンチ・モデル…………………………117
　4　国際分散投資…………………………………………………117

## 第4部　デリバティブ（Derivative）

## 第12章　デリバティブ　121
　1　背景と定義……………………………………………………121
　　1.1　取引の背景………………………………………………121
　　1.2　取引の定義………………………………………………121

## 2　理論価格 …………………………………………………… 123
### 2.1　フォワード取引と先物取引 …………………………… 123
### 2.2　オプション取引 ………………………………………… 124
### 2.3　オプション価値の分解 ………………………………… 124
### 2.4　スワップ取引 …………………………………………… 125
## 3　ペイオフ …………………………………………………… 126
### 3.1　先物取引 ………………………………………………… 126
### 3.2　オプション取引 ………………………………………… 126
### 3.3　コンビネーション ……………………………………… 128
### 3.4　スワップ取引 …………………………………………… 129
## 4　エキゾティック・オプション …………………………… 129

# 第13章　オプション・モデル　132
## 1　CRRモデル ………………………………………………… 132
### 1.1　2項ツリー ……………………………………………… 132
### 1.2　CRRモデル ……………………………………………… 133
## 2　B−Sモデル ………………………………………………… 134
### 2.1　境界条件の価値 ………………………………………… 135
### 2.2　証券価格モデル ………………………………………… 135
### 2.3　オプションの複製と割引価格過程 …………………… 136
### 2.4　マルチンゲールへの変換 ……………………………… 137
### 2.5　標準正規分布の累積密度関数の適用 ………………… 138
## 3　オプション・モデルの特性 ……………………………… 140
### 3.1　CRRモデルとB−Sモデルの関係 ……………………… 140
### 3.2　B−Sモデルの特性 ……………………………………… 141
### 3.3　B−Sモデルのグリークス ……………………………… 141
### 3.4　インプライド・ボラティリティとボラティリティ・スマイル ………………………………………………… 142

4　Ｂ－Ｓモデルのシミュレーション ……………………………………143
　　　4.1　計　算　方　法 ………………………………………………………143
　　　4.2　Ｂ－Ｓモデルのシミュレーション ……………………………………144

# 第14章　デリバティブ・マネジメント　━━━━━━━━━ 145
　　1　裁　定　取　引 ……………………………………………………………145
　　　1.1　先物取引の裁定 ………………………………………………………145
　　　1.2　裁　定　買　い ………………………………………………………146
　　　1.3　裁　定　売　り ………………………………………………………146
　　　1.4　プット・コール・パリティ ……………………………………………147
　　　1.5　裁定取引の事例 ………………………………………………………148
　　　1.6　パリティ裁定取引の事例 ……………………………………………148
　　2　ポートフォリオ・インシュランス ……………………………………148
　　　2.1　原　　　　理 …………………………………………………………148
　　　2.2　複製ポートフォリオ（ＣＲＲモデル） ………………………………151
　　　2.3　ヘッジ比率 ……………………………………………………………152
　　　2.4　ダイナミック・ヘッジの構造（Ｂ－Ｓモデル） ……………………153
　　　2.5　ダイナミック・ヘッジの事例（Ｂ－Ｓモデル） ……………………154
　　　2.6　先物取引による利用 …………………………………………………155
　　　2.7　運用上の問題点 ………………………………………………………155

むすびに代えて ………………………………………………………………157
索　　　　引 ……………………………………………………………………159

# 第1部
## 市場構造（Market Structure）

# 第上篇
## 阳明病（太阳病温病）

# 第1章　資本市場

## 1　市場と証券

### 1．1　金融市場の類型

　金融市場を整理すると［図表１．１］のとおりとなる。長期金融市場は資本市場（capital market）ともいう。そして資本市場で資金調達することをファ

[図表１．１]　金融市場システム

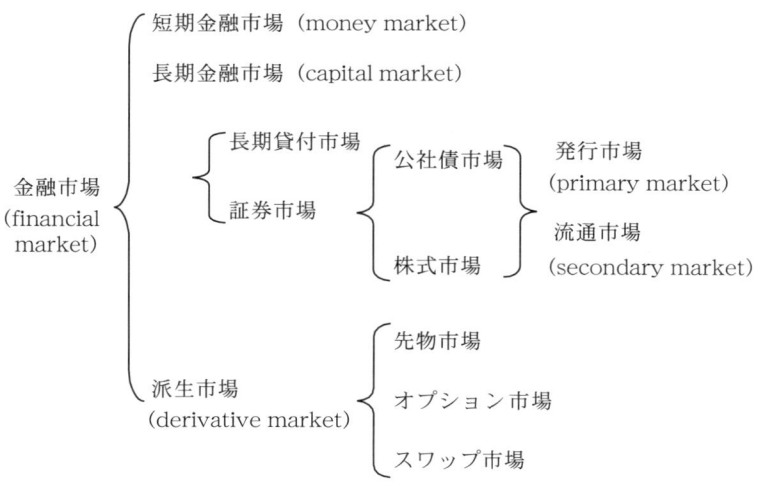

第1部　市場構造（Market Structure）

イナンス（finance）という。なお，デリバティブ市場は各市場に並行して開設されている。

## 1.2　対象証券の定義

　証券市場での対象証券は経済的な視点から［図表1.2］のように分類すると多くの有価証券（Wertpapier）のうちの資本証券（Kapitalwertpapier）であり，さらに株券・債券などは投資に伴う収益請求権を有している。

[図表1.2]　証券の類型

```
           ┌ 証拠証券 ─────────────── 預金証書・受取証書
           │
           │        ┌ 商品証券 ─────── 倉荷証券・船荷証券・商品券
証券 ┤      │
           │ 有価証券┤ 貨幣証券 ─────── 小切手・手形
           │        │
           └        └ 資本証券 ─────── 株券・債券
```

## 1.3　発行市場における証券

　グロスマン－ハート（Grossman, S., Hart, O.）に従えば，企業における株式（stock）と社債（bond）の大きな違いは特定財産権が確立していない残余請求権（residual claim）があるか否かであり，これにより株式は所有権を有して議決権（経営権）を持つことになる[1]。この立場から企業の資金調達を類型化すると［図表1.3］のようになる。

---

1) Grossman, S. Hart, O. [1986] "The Cost and Benefits of Ownership: A Theory of Lateral and Vertical Integration," *Journal of Political Economy 94.* pp. 691-719.

第1章 資本市場

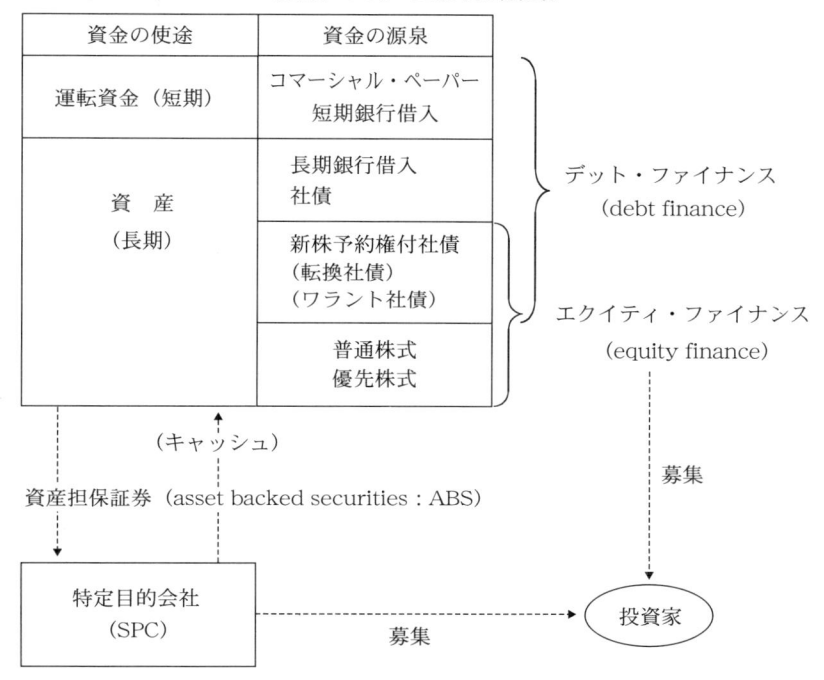

[図表1.3] 企業の発行証券

| 資金の使途 | 資金の源泉 | |
|---|---|---|
| 運転資金（短期） | コマーシャル・ペーパー<br>短期銀行借入 | ⎫<br>⎬ デット・ファイナンス<br>⎪ （debt finance）|
| 資　産<br>（長期） | 長期銀行借入<br>社債 | |
| | 新株予約権付社債<br>（転換社債）<br>（ワラント社債） | ⎫<br>⎬ エクイティ・ファイナンス<br>⎭ （equity finance）|
| | 普通株式<br>優先株式 | |

資産担保証券（asset backed securities：ABS）
（キャッシュ）

特定目的会社（SPC）　→募集→　投資家

## 1.4　証　券　化

　証券化（securitization）とは「ある資産の将来キャッシュフローを担保にして発行する証券」である。米国においては，まず証券化の端緒となったのは個人の担保物件をプールしたモーゲージ担保証券（mortgage backed securities：MBS）で，特有のリスク回避のためモーゲージ証券担保債務証書（collateralized mortgage obligation：CMO）のように証券を各トランシェ（tranché：階層）に分ける技法に進展した。法人の不動産の証券化は商業不動産モーゲージ担保証券（commercial mortgage backed securities：CMBS）である。つぎに不動産以外の資産を対象とした証券化を資産担保証券（asset backed securities：ABS）といい，社債担保証券（collateralized bond obliga-

5

tion：ＣＢＯ）は複数の債券を担保として特定目的会社（special purpose company：ＳＰＣ）がシニア債，劣後債にトランシェして発行する。ローン担保証券（collateralized loan obligation：ＣＬＯ）は複数のローンを担保として証券を発行する。不動産投資信託（リート）（real estate investment trust：REIT）には，契約型とＳＰＣによる会社型（日本ではJREIT）とがある。

## 2 フィッシャー・モデル

### 2.1 フィッシャー・モデル

資本市場において資金の過不足が生じた場合に「資金融通」というが，これが金融であり，この市場での資金調達がファイナンスである。ここでは，なぜ資本市場が存在するかという基本問題を完全資本市場[2]を仮定してフィッシャー（Fisher, I.）のモデルに基づき明らかにする[3]。

まず［図表1.4］に示したように $c=(c_0, c_1)$ は0期と1期の消費のパターンを示す直線の予算線がある。そして $-(1+r)$ は0期と1期の等価値を示す傾き（ $r$ は金利）を示している。そこで効用関数 $U=u(c_0, c_1)$ とすると

$$U'=u(c_0', c_1') > U''=u(c_0'', c_1'') \tag{1.1}$$

である。その他を比べても $U'=u(c_0', c_1') \to c^*$ が最適であることが理解できる。

$c^*$ では予算線上での取引の限界変形率（marginal rate of transformation：ＭＲＴ）と無差別曲線の接線の傾きを示す限界代替率（marginal rate of substitution：ＭＲＳ）が等しい最適消費が達成できることを意味する。

$$\text{ＭＲＴ}=\text{ＭＲＳ} \tag{1.2}$$

---

2) 完全資本市場の要件は①価格設定者（price taker）が多数存在する，②摩擦のない市場（frictionless market）取引コスト，税金がない市場，③資産の分割可能性，④情報の均一性，⑤投資家の同質期待，である。
3) Fisher, I. [1930] *The Theory of Interest.* New York., MacMillan.（気賀勘重，気賀健三訳［2004］『利子論』（オンデマンド版）日本経済評論社，p.249.）
   MacMinn, R. D. [2005] *The Fisher Model and Financial Market*, World Scientific.

[図表1.4] 最適消費

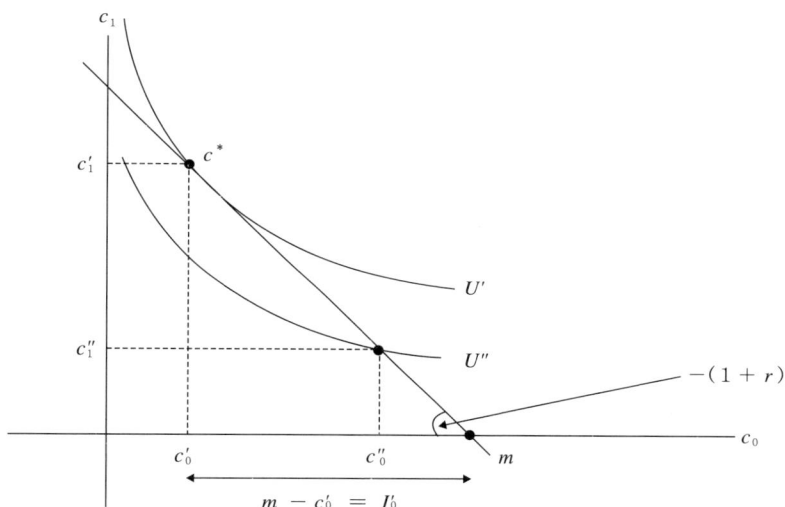

つぎに $m-c'_0$ は貯蓄→投資 $I'_0$ へ回すことができる「資本市場」の存在を考えよう。

[図表1.5] で来期に消費=投資に回された投資フロンティア (investment frontier) を加えた。そこでは従来の $c^*$ は投資フロンティアの外にあるのでそこまで投資ができない。投資フロンティアが予算線の接点 $c^{**}$ に接しているので投資の限界効率性 (marginal efficiency of investment：ＭＥＩ) がＭＲＳに等しい点が最適消費と投資である。このように資本市場が存在することで，家計の投資は，各家計の所得，そして貯蓄とは独立に決定される。これを「フィッシャーの分離定理」(Fisher's separation theorem) という。

第1部　市場構造（Market Structure）

[図表1.5]　フィッシャーの分離定理

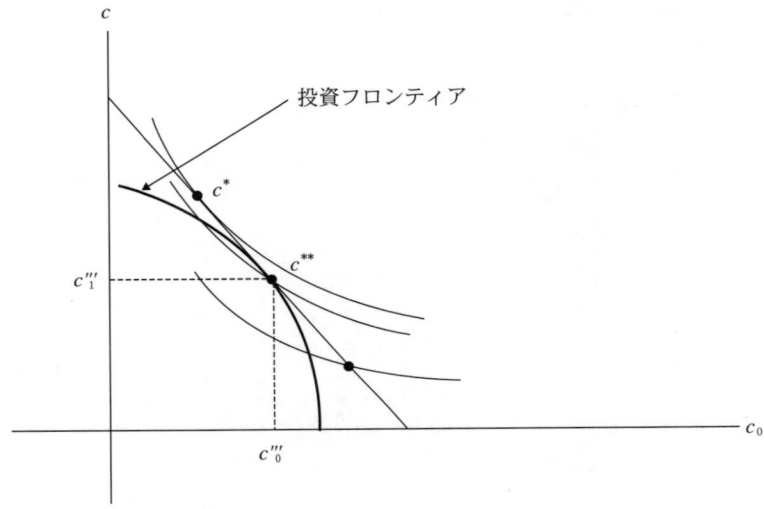

## 3　証券の収益率

### 3.1　連続複利

利子率（年率）$r$ のとき元金1は1年後

$(1+r)$

となるので，その利子率を $m$ 個に分割すれば次式となる。

$$\left(1+\frac{r}{m}\right)^m$$

次に $x=\dfrac{m}{r}$ として $m$ を無限にすれば

$$\lim_{x\to\infty}\left[\left(1+\frac{1}{x}\right)^x\right]^r = e^r = \exp(r) \qquad e=2.718$$

となる。

たとえば年利率8％の1年間と半年の連続複利(continuous compound rate)

は

$e^{0.08} - 1 = \exp(0.08) - 1 = 0.08328 \to 8.328\%$

$e^{0.08 \times 0.5} - 1 = \exp(0.08 \times 0.5) - 1 = 0.0408 \to 4.08\%$

となる。

よって一般式では複利の離散（discrete time）型と連続（continuous time）型の記述は以下のように表される。

$$(1+r)^k \quad \to \quad e^{kr} \tag{1.3}$$

## 3.2　フィッシャー効果

長期的利子率よりも金利が上昇すると物価が上昇する事実はギブソン（Gibson, W.E.）が発見した。フィッシャーは，このギブソン・パラドックス（Gibson paradox）に関心を持ったようである。いまインフレ率（＝物価の上昇）を考慮しない名目利子率とそれを考慮する実質利子率の関係をフィッシャー効果（Fisher effect）という[4]。

$$\hat{r} = r - i \tag{1.4}$$

実質利子率＝名目利子率－インフレ率

投資をする場合，実質利子率は観察できないのでインフレ率から予測することになろう。その意味でフィッシャー効果は重要で，さらに以下のようなインプリケーションを持っている。

① インフレ率を予想して借入れをしても利益を享受できない。

② 実質金利は資本投資や資金調達の際に考慮されるべきである。

③ 米国においてインフレ率と標準的な金利（たとえば米国のＴＢ（短期国債

---

[4]　$t+1$ 期の物価 $p_{t+1}$ は $(1+r)p_t$ である。よって実質利子率は
$\hat{r} = \dfrac{(1+r)p_t}{p_{t+1}} - 1$　よって　$p_{t+1} = (1+i)p_t$ であるから $1+\hat{r} = \dfrac{1+r}{1+i}$ を得る。そこでこの関係を連続複利 $(p_{t+1} = p_t(1+r) \iff p_t e^r)$ にすれば
$e^{\hat{r}} = \dfrac{e^r}{e^i} = e^{r-i} \to \hat{r} = r - i$ となる。

第 1 部　市場構造（Market Structure）

の利回り）水準の関係はおおよそ連動している。

## 3.3　株式の収益率

離散型の株式の投資収益率（return on investment）は以下のとおりである[5]。

$$\mu_t = \frac{(S_t + D_t) - S_{t-1}}{S_{t-1}}$$

$S_t$：$t$ 期の株価　　$D_t$：1株当たり配当

そこで連続複利収益率（以下，連続型）$\mu'$ は以下のようになる。

$$1 + \mu_t = \left(1 + \frac{\mu'}{n}\right)^n \quad (n \to \infty)$$
$$1 + \mu_t = e^{\mu'}$$
$$\log(1 + \mu_t) = \mu' = \log\left(1 + \frac{S_t + D_t - S_{t-1}}{S_{t-1}}\right) = \log\left(\frac{S_t + D_t}{S_{t-1}}\right)$$
$$= \log(S_t + D_t) - \log S_{t-1} \tag{1.5}$$
$$(\log_e \mu_t = \ln \mu_t)$$

---

[5]　同章の最後に経済数学の参考書を以下，掲げておく。
　　Sydæter. K., Hammond, P. [1995] *Essential Mathematics for Economic Analysis,* Prentice Hall.
　　Sydæter. K., Hammond, P., Seierstad. A., Strøm, A. [2005] *Further Mathematics for Economic Analysis,* Prentice Hall.
　　神谷和也，浦井憲 [1996]『経済学のための数学入門』東京大学出版会．

第1章　資本市場

## [付録]　微分の公式

### 1.1　微　分

$$y = f(x) \to \frac{\Delta y}{\Delta x} = \frac{f(x+\Delta x) - f(x)}{\Delta x} \to y' \quad \frac{dy}{dx} \quad f'(x)$$

$ex.\ y = x^a \to y' = ax^{a-1} \qquad y = \log x \to y' = \dfrac{1}{x}$

$y = e^x \to y' = e^x \qquad y = \sin x \to y' = \cos x$

よく使われる公式

$y = f(g(x)) \to y' = f' \cdot g'$

$y = f(x) \cdot g(x) \to y' = f'g + fg'$

$y = \dfrac{f(x)}{g(x)} \to y' = \dfrac{f'g - fg'}{g^2}$

$ex.\ f(x) = (3x^2 + 2)^{-2} \to$

$g(x) = (3x^2 + 2),\ f(x) = (g(x))^{-2}$

$\dfrac{y}{dx} = \dfrac{df(g(x))}{dx} = \dfrac{df(g(x))}{dg(x)} \times \dfrac{dg(x)}{dx}$

$\qquad = (-2g(x)^{-3}) \times (6x) = -12x(3x^2+2)^{-3}$

この方法はチェン・ルール（chain rule）と呼ばれる。

### 1.2　2次微分

$y = f(x) \to y'' \quad \dfrac{y}{dx} f'(x) \quad f''(x)$

### 1.3　偏　微　分

他の変数を固定して1つの変数を微分する。

$y = f(x, z) \to \dfrac{f(x, z)}{\partial x} \quad f_x(x, z)$

$ex.\ y = 3x^3 z^4 \to f_x(x, z) = 9x^2 z^4 \quad f_z(x, z) = 12x^3 z^3$

### 1.4　全　微　分

$y = f(x, z) \to dy = f_x(x, z) dx + f_z(x, z) dz$

$ex.\ y = 3x^3 z^4 \to dy = 9x^2 z^4 + 12x^3 z^3$

# 第2章 効用関数

## 1 期待効用

### 1.1 セント・ペテルスブルグのパラドックス

　ベルヌーイ（Bernoulli, D.）は次のようなゲームを考えた。コイン裏表での賭けで，表が出る限りゲームを続行できるが，裏が出た時には賞金（$2^n$）は没収される。

| 回数 | 1 | 2 …… | $n$ …… |
|---|---|---|---|
| 確率 | $\dfrac{1}{2}$ | $\left(\dfrac{1}{2}\right)^2$ …… | $\left(\dfrac{1}{2}\right)^n$ …… |
| 賞金 | 2 | $2^2$ …… | $2^n$ …… |

さてこのゲームの期待値は，以下の通りとなる。

$$\frac{1}{2}\times 2^1+\left(\frac{1}{2}\right)^2\times 2^2+\cdots\cdots\left(\frac{1}{2}\right)^n\times 2^n\cdots\cdots$$
$$=\sum_{n=1}^{\infty}\left(\frac{1}{2}\right)^n\times 2^n=+\infty$$

　この賭けは期待値としては必ず儲かるが，人々はこの賭けをすぐにはやらない。人は儲けの期待値ではなく，この賭けの満足（効用）$U(\mu)$で判断するからであるとベルヌーイは考えた。これをセント・ペテルスブルグのパラドックス（Paradox of St. Petersburg）と呼ぶ。

　そこで彼はこのゲームの期待効用を

$$\frac{1}{2} \times U(2^1) + \left(\frac{1}{2}\right)^2 \times U(2^2) + \cdots\cdots + \left(\frac{1}{2}\right)^n \times U(2^n) + \cdots\cdots$$
$$= \sum_{n=1}^{\infty} \left\{ \left(\frac{1}{2}\right)^n \times U(2^n) \right\}$$

として，$U(\mu)$ を問題としたのである。

もしもベルヌーイが仮定したように，$U(\mu)=\log(\mu)$ とすれば，ゲームの期待効用は $\log 4$ であるから，4 が与える効用と等しくなる[1]。

## 1.2 効用関数と富

同じ資産の所有$W$についての効用$U$は，まず，資産所有量，ここでは富と言い換えよう。その富が大きいほど，効用が増す。

よって以下のとおり定式化できる。

$U=U(W)$

$$U'(W) = \frac{dU}{dW} > 0 \tag{2.1}$$

しかしその効用は富とともに限界的に逓減するから2階微分は負となる。

$$U''(W) = \frac{d^2U}{dW^2} < 0 \tag{2.2}$$

このうち (2.1)，(2.2) の条件をみたす $U^*(W)$ はフォン ノイマン-モルゲンステルン（von Neumann-Morgenstern）の効用関数（utility function）といい，［図表2.1］のような曲線となる[2]。

---

1) $\dfrac{1}{2} \times \log 2 + \left(\dfrac{1}{2}\right)^2 \times \log(2^2) + \cdots\cdots + \left(\dfrac{1}{2}\right)^n \times \log(2^n) + \cdots\cdots$
$= \log 2 \times (1 \times \dfrac{1}{2} + 2 \times \dfrac{1}{2^2} + \cdots\cdots n \times \dfrac{1}{2^n} + \cdots\cdots) = 2\log 2 = \log 4$
$(1 \times \dfrac{1}{2} + 2 \times \dfrac{1}{2^2} + \cdots\cdots n \times \dfrac{1}{2^n} + \cdots\cdots) = X$ については $X - \dfrac{1}{2}X$ を作ると初項 $\dfrac{1}{2}$，公比 $\dfrac{1}{2}$ の無限等比級数［＝初項／（1－公比）］となる。

2) von Neumann, J., Morgenstern, O. [1947] *The Theory of Game and Economic Behavior 2nd.ed.*, Princeton University Press.

第1部　市場構造（Market Structure）

[図表2.1]　フォン　ノイマン・モルゲンステルンの効用関数

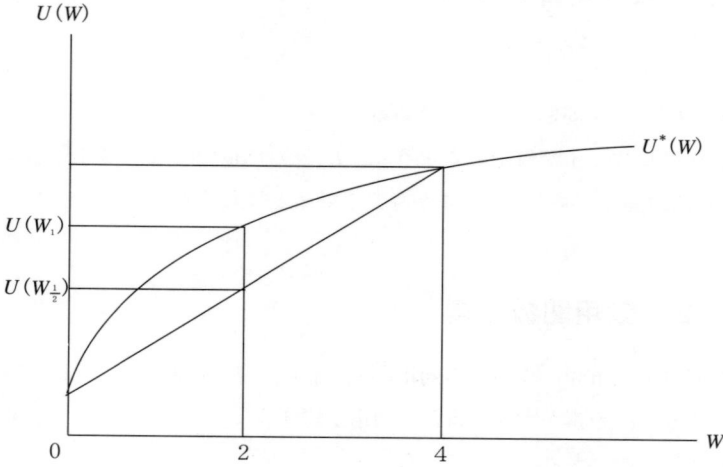

## 2　効用関数

### 2.1　効用関数の種類

　証券のような投資はリスク（＝変動率）があり，貯蓄はリスクがないので，このことを念頭に［図表2.2］のような事例から効用関数の型を区分しよう[3]。

[図表2.2]　投資と貯蓄の収益

| 投　資 | | 貯　蓄 | |
|---|---|---|---|
| 収益 | 確率 | 収益 | 確率 |
| 0 | $\frac{1}{2}$ | 2 | 1 |
| 4 | $\frac{1}{2}$ | | |

　フォン　ノイマン・モルゲンステルン効用関数では

---

[3]　Elton, J. E., Gruber, M. J. [1995] *Modern Portfolio Theory and Investment Analysis 5th ed.*, John Wiley & Son, pp. 210−230.

$U'(W) > 0 \quad U''(W) < 0$

$$U(2) > \frac{1}{2}U(0) + \frac{1}{2}U(4) \tag{2.3}$$

であるのでリスク回避（risk aversion）型［$U(A)$］といえる。これは合理的投資家の効用曲線である。［図表2.1］からも理解できよう。

その他についても以下のように整理できる。

リスク中立（risk neutral）型［$U(N)$］

$U'(W) > 0 \quad U''(W) = 0$

$$U(2) = \frac{1}{2}U(0) + \frac{1}{2}U(4) \tag{2.4}$$

リスク愛好（risk lover）型［$U(L)$］

$U'(W) > 0 \quad U''(W) > 0$

$$U(2) < \frac{1}{2}U(0) + \frac{1}{2}U(4) \tag{2.5}$$

以上，3つの効用曲線は$U(W) \to U(R) \to U(\mu, \sigma)$であるから［図表2.3］のグラフのようになる。

[図表2.3.1]　効用曲線（U(W)型）　　[図表2.3.2]　効用曲線（U(R)型）

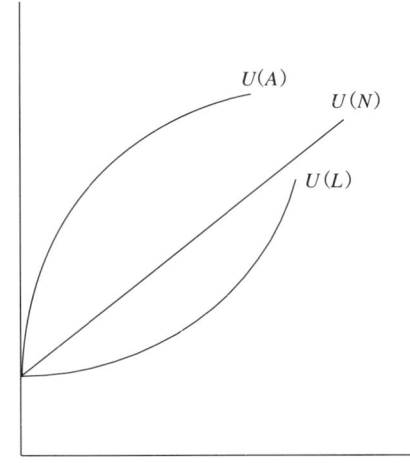
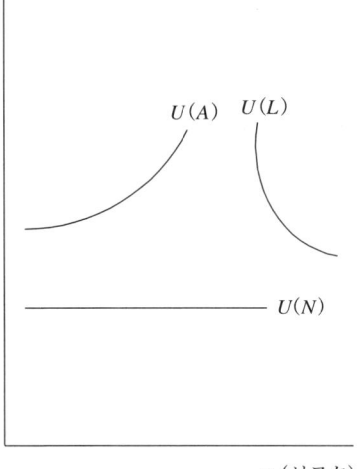

第1部　市場構造（Market Structure）

## 2.2　効用関数曲線の性格

いま，合理的投資家の効用曲線であるリスク回避型［$U(A)$］について［図表2.4］からその優先順位を考えると$U_1＜U_2＜U_3$であることは明らかであろう。

[図表2.4]　効用曲線の順位

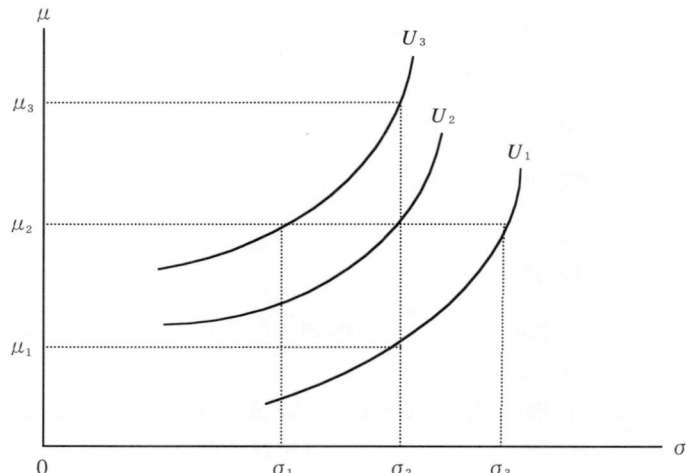

# 3　効用関数の分析

## 3.1　絶対的危険回避度

アロー－プラット（Arrow, J. K., Pratt. J.）は危険回避が個人の嗜好のほかに富の大きさに影響を受けることを明らかにした[4]。

---

4）　Arrow, J. K. [1971]*Eassy in the Theory of Risk-Bearing*, Markham, Chicago.
　　Pratt, J. [1964] "Risk Averison in the Small and in the Large," *Econometrica 32*, pp. 122－136.
　　Elton, J. E., Gruber, M. J. [1995] *ibid.*, pp. 226－228.

絶対的危険回避度（absolute risk aversion：ＡＲＡ）
$$A(W) = -\frac{U''(W)}{U'W}$$（富の増加に伴う危険資産保有額の変化）

相対的危険回避度（relative risk aversion：ＲＲＡ）
$$R(W) = -\frac{U''(W)}{U'(W)}W = A(W)W$$（富の増加に伴う危険資産保有比率の変化）

また危険回避度の逆数を危険許容度（risk tolerance）という。

## 3.2　ＨＡＲＡ族効用関数

ＡＲＡが $W$ に対して線形関係にありかつ危険回避期待効用が双曲線を描く関数をＨＡＲＡ族効用関数（hyperbolic absolute risk aversion utility function）という。以下の3つの型を挙げる。

① $U(W) = W - cW^2$（べき乗効用関数）（$\frac{c}{2} > W$） （2.6）
② $U(W) = -e^{-cW} = -\exp(-cW)$（指数効用関数） （2.7）
③ $U(W) = c\log(W)$, $c\ln(W)$（対数効用関数） （2.8）

## 3.3　ＨＡＲＡ族効用関数と危険回避度

以下，各ＨＡＲＡ族効用関数と危険回避度（ＡＲＡとＲＲＡ）の変化について調べてみると［図表2.5］のようになる。一般に危険回避は経験的に大きな富を持つほどリスクに対して寛大になるであろう。これを富の効果（wealth's effect）という。であるから富の効果を排除して分析を行う場合は②指数効用関数や③対数効用関数が便利である。特に②はＡＲＡが一定の $c$ となるので，多くの効用関数の極大化に利用される場合が多い。①についてはポートフォリオのＭ－Ｖ（平均－分散）アプローチに適している[5]。

---

5）（2.6）は $E[U(W)] = E(W) - cE(W^2)$ と書き換えられるので，その分散は $\sigma_w^2 = E[W-E(W)]^2 = E(W^2) - E[2W \cdot E(W)] + [E(W)]^2$ となるから，$E[U(W)] = E(W) - c\{\sigma_w^2 + [E(W)]^2\}$ を得る。

第1部　市場構造（Market Structure）

以上から一覧表にまとめる[6]。

[図表2.5]　ＨＡＲＡ族効用関数と危険回避度の変化

|  | $A(W) = -\dfrac{U''(W)}{U'W}$ | $R(W) = -\dfrac{U''(W)}{U'W}W$ $= A(W)W$ |
|---|---|---|
| ① べき乗効用関数 | $A(W) = \dfrac{2c}{(1-2cW)}$ $A'(W) > 0$ | $R(W) = \dfrac{2cW}{(1-2cW)}$ $R'(W) > 0$ |
| ② 指数効用関数 | $A(W) = c, A'(W) = 0$ | $R(W) = cW, R'(W) = c$ |
| ③ 対数効用関数 | $A(W) = \dfrac{1}{W}, A'(W) < 0$ | $R(W) = 1, R'(W) = 0$ |

# 4　期待効用極大化

## 4.1　ＩＡＲＡ型

ＨＡＲＡ族効用関数のなかで$A'(W) > 0$のときＩＡＲＡ（increasing absolute risk aversion）型効用関数とも呼ばれる。

$$W - cW^2 \rightarrow U(\mu) = \mu - c\mu^2 \qquad (2.9)$$

そこで期待値$E(\mu) = \theta$，分散$E(\mu - \theta)^2 = V$として，

もし効用関数があらゆる階数で微分可能であれば$E(\mu) = \theta$の周りでテイラー展開（Talyor's polynomial）が可能である[7]。第3次以下の微分を無視すれば

---

6）　① $U'(W) = 1 - 2cW$　$U''(W) = -2c$
　　② $U'(W) = ce^{-cW}$　$U''(W) = -c^2 e^{-cW}$
　　③ $U'(W) = \dfrac{c}{W}$　$U''(W) = -\dfrac{c}{W^2}$

7）　テイラー展開では$U(\mu) \rightarrow f(x), \theta \rightarrow a$と置き換えて
　　$f(x+a) = f(x) + f'(x)a + \dfrac{1}{2}f''(x)a^2 + \cdots\cdots$
　　とすることもできる。

$$E[U(\mu)] = U(\theta) + U'(\theta)E(\mu-\theta)$$
$$\qquad\qquad + \frac{1}{2}U''(\theta)E(\mu-\theta)^2 + \cdots\cdots$$
$$E[U(\mu)] = U(\theta) + \frac{1}{2}U''(\theta)V \qquad (2.10)$$

である。

よって
$$Max\, E[U(\mu)] \to Max[E(\mu) - cV] \qquad (2.11)$$
となる。

## 4.2 CARA型

HARA族のうち $A'(W) = 0$ のときCARA (constant absolute risk aversion) 型効用関数とも呼ばれる。

$$U(W) = -e^{-cW} \to U(\mu) = -e^{-c\mu} \qquad ただし c > 0 \qquad (2.12)$$

もし $\mu$ が正規分布 $N(\theta, V)$ に従えば、以下の通り。

$$E[U(\mu)] = -\int_{-\infty}^{\infty} -\exp(c\mu)\frac{1}{\sqrt{2\pi V}}\exp\left(\frac{-(\mu-\theta)^2}{2V}\right)d\mu$$
$$= -\exp\left(-c\theta + \frac{1}{2}c^2V\right)\int_{-\infty}^{\infty}\frac{1}{\sqrt{2\pi V}}\exp\left(-\frac{(\mu-\theta+cV)^2}{2V}\right)d\mu$$
$$(2.13)$$

（2.13）の右辺第2式の積分部分は正規分布 $N(\theta-cV, V)$ で密度関数が1となるので

$$E[U(\mu)] = -\exp\left(-c\theta + \frac{1}{2}c^2V\right) \to Max\left(\theta - \frac{1}{2}cV\right) \qquad (2.14)$$

となる。

多くの投資、ファイナンス・モデルはこれらの効用極大化を目的として構築されている。

# 第3章　無裁定・完備市場

## 1　無裁定市場

### 1.1　無裁定条件

いま $t$ 期において $N$ 種類の証券の総数であり，各証券の価格の列ベクトル $S$ とし，さらに $K$ は市場の状態の総数として，ペイオフ（元本を含めた結果）行列を $D$ とすれば，つぎのように定義できる[1]。

$$S = \begin{bmatrix} S_1 \\ S_2 \\ \cdot \\ \cdot \\ S_N \end{bmatrix} \begin{matrix} 証券1 \dashrightarrow \\ 証券2 \dashrightarrow \\ \\ \\ 証券N \dashrightarrow \end{matrix} \quad D = \begin{bmatrix} 状態1 & 状態2 & & 状態K \\ D_{11} & D_{12} & \cdot & D_{1K} \\ D_{21} & D_{22} & \cdot & D_{2K} \\ \cdot & \cdot & \cdot & \cdot \\ \cdot & \cdot & \cdot & \cdot \\ D_{N1} & D_{N2} & \cdot & D_{NK} \end{bmatrix} \quad (3.1)$$

さらにポートフォリオ $x$ を各資産への投資量を要素とする列ベクトルとして，以下のように定義する。

---

[1] Neftci., S.N. [2000] *An Introduction to the Mathematics of Financial Derivatives, Second Edtion.* ISMA Center, U.K.（投資工学研究会訳 [2001]『ファイナンスへの数学』朝倉書店，pp.20－38.）
　　津野義道 [1999]『ファイナンスの数学的基礎』共立出版，pp.53－88.

第3章　無裁定・完備市場

$$x = \begin{bmatrix} x_1 \\ x_2 \\ \vdots \\ x_N \end{bmatrix} \tag{3.2}$$

よって $t$ 期のポートフォリオの価値（評価額）は

$$S^T x = \sum_{i=1}^{N} S_i x_i \tag{3.3}$$

（$S^T : S$ の転置行列（transpose of matrix））

$$[S_1 S_2 \cdots S_N] \begin{bmatrix} x_1 \\ x_2 \\ \cdot \\ \cdot \\ x_N \end{bmatrix} = S_1 x_1 + S_2 x_2 + \cdots\cdots + S_N x_N$$

となる。

$t$ 期の期末のペイオフは

$$\begin{aligned} D^T x &= \begin{bmatrix} D_{11} & D_{21} & \cdot & D_{N1} \\ D_{12} & D_{22} & \cdot & D_{N2} \\ \cdot & \cdot & & \cdot \\ \cdot & \cdot & & \cdot \\ D_{1K} & D_{2K} & \cdot & D_{NK} \end{bmatrix} \begin{bmatrix} x_1 \\ x_2 \\ \cdot \\ \cdot \\ x_N \end{bmatrix} \\ &= \begin{bmatrix} D_{11}x_1 + D_{21}x_2 + \cdot\cdot + D_{N1}x_N \\ D_{12}x_1 + D_{22}x_2 + \cdot\cdot + D_{N2}x_N \\ \cdot \quad\quad \cdot \quad + \cdot + \quad \cdot \\ \cdot \quad\quad \cdot \quad + \cdot + \quad \cdot \\ D_{1K}x_1 + D_{2K}x_2 + \cdot\cdot + D_{NK}x_N \end{bmatrix} \begin{matrix} \cdots\text{状態1のペイオフ} \\ \cdots\text{状態2のペイオフ} \\ \\ \\ \cdots\text{状態}K\text{のペイオフ} \end{matrix} \end{aligned} \tag{3.4}$$

となり，裁定が存在する条件は以下のとおり。

$$S^T x \leq 0 \text{ かつ } D^T x > 0 \text{ あるいは } S^T x < 0 \text{ かつ } D^T x \geq 0 \tag{3.5}$$

前者の条件は，裁定ポートフォリオ $x$ がどのような状態が現実しても資金を投下することなく正の収益が保証されていることを意味する。これを第1種の

裁定機会（arbitrage opportunity of the first type）という。後者の条件は現在，負債のコストが発生するが，将来，ゼロ以上の収益が保証されていることを意味する。これを第2種の裁定機会（arbitrage opportunity of the second type）という。

## 1.2 無裁定市場

無裁定市場（arbitrage-free market）とは状態価格（state price）$\psi_j$ が一意的に存在している市場である。

市場構造を考えると以下のように表現できる。

$$S = D\Psi \tag{3.6}$$

$$\begin{bmatrix} S_1 \\ S_2 \\ \cdot \\ \cdot \\ S_N \end{bmatrix} = \begin{bmatrix} D_{11} & D_{12} & \cdot & D_{1K} \\ D_{21} & D_{22} & \cdot & D_{2K} \\ \cdot & \cdot & \cdot & \cdot \\ \cdot & \cdot & \cdot & \cdot \\ D_{N1} & D_{N2} & \cdot & D_{NK} \end{bmatrix} \begin{bmatrix} \psi_1 \\ \psi_2 \\ \cdot \\ \cdot \\ \psi_K \end{bmatrix}$$

$\Psi$：状態価格（state price）を表す $\psi_j(>0)$ のベクトル

# 2 完備市場

## 2.1 複製可能

$\psi_j$ が一意的に定まるためには，以下の条件が必要である[2]。

$$\text{rank}(D) = K \tag{3.7}$$

（特に $N \geq K$：重複（redundant）しない証券の数が状態の数よりも多い[3]。）

---

2) 厳密には Stiemke の補助定理により証明される。（浦谷規 [2005]『無裁定理論とマルチンゲール』朝倉書店，pp.40-42.）
3) 階数（rank）とは行列の1次独立の列ベクトルの最大数をいう。

こうした市場を完備市場（complete market）という。

$$\begin{bmatrix} 50 \\ 60 \end{bmatrix} = \begin{bmatrix} 30 & 70 \\ 40 & 80 \end{bmatrix} \begin{bmatrix} \psi_1 \\ \psi_2 \end{bmatrix}$$

$30\psi_1 + 70\psi_2 = 50 \quad 40\psi_1 + 80\psi_2 = 60$

$\psi_1 = 0.5 \quad \psi_2 = 0.5$

## 2.2　アロー・ドブリュー証券

完備市場をさら特定の状態（$s$）が起きるときのみペイオフが1で，その他の状態のときは0である状態依存請求権（state contingent claim）はアロー・ドブリュー証券（Arrow-Debreu security）とも言われる。この証券は資産の将来ペイオフの行ベクトル $\boldsymbol{Z}_{(s)} = (0\ 0\ 1\ 0)$ として表すことができる。

そしてすべての状態に対する状態依存請求権を1枚持っていれば，必ず少なくとも1のペイオフが実現できるので，結局は無リスク・ポートフォリオを得ることと同じである。この表現として（3.6）を以下のように書き換えよう。

$$\begin{bmatrix} S_1 \\ S_2 \\ \cdot \\ S_k \\ S_N \end{bmatrix} = \boldsymbol{D\Psi} = \begin{bmatrix} D_{11} & D_{12} & \cdot & D_{1K} \\ D_{21} & D_{22} & \cdot & D_{2K} \\ \cdot & \cdot & \cdot & \cdot \\ 1 & \cdot & 1 & \cdot & 1 \\ D_{N1} & D_{N2} & \cdot & D_{NK} \end{bmatrix} \begin{bmatrix} \psi_1 \\ \psi_2 \\ \cdot \\ \psi_k \\ \psi_K \end{bmatrix} \quad (3.8)$$

$S_k = \psi_1 + \psi_2 + \cdots + \psi_k = \psi_0$

（3.8）は無リスク・ポートフォリオを含み，状態価格 $\psi_j$ の存在する場合は証券を複製（duplication）することが可能である。なぜなら $\psi_0$ という「粗無リスク金利の割引率」が存在するからである。このとき条件付請求権を複製できるので，市場は完備であるともいう。

第1部　市場構造（Market Structure）

## 2.3　複製事例

まず，金利 $r=0$ として（3.9）のような無リスク証券と株式を持つ補完市場を作り，状態価格を求める。

$$\begin{bmatrix} 1 \\ 100 \end{bmatrix} = \begin{bmatrix} 1 & 1 \\ 120 & 80 \end{bmatrix} \begin{bmatrix} \psi_1 \\ \psi_2 \end{bmatrix} \tag{3.9}$$

$\psi_1 + \psi_2 = 1 \qquad 120\psi_1 + 80\psi_2 = 100$

よって $\psi_1 = 0.5 \qquad \psi_2 = 0.5$

さらに条件付請求権（contingent claim）の証券 $C$ を追加して，その価値が求められる。

$$\begin{bmatrix} 1 \\ 100 \\ C \end{bmatrix} = \begin{bmatrix} 1 & 1 \\ 120 & 80 \\ 20 & 0 \end{bmatrix} \begin{bmatrix} \psi_1 \\ \psi_2 \end{bmatrix} \tag{3.10}$$

$C = 20 \times \psi_1 + 0 \times \psi_2 = 10$

# 3　リスク中立確率測度

## 3.1　リスク中立確率測度

（3.10）に無リスク金利 $r=10\%$ を含めた市場構造に直して表現する。

$$\begin{bmatrix} 1 \\ 100 \\ C \end{bmatrix} = \begin{bmatrix} 1.1 & 1.1 \\ 120 & 80 \\ 20 & 0 \end{bmatrix} \begin{bmatrix} \psi_1 \\ \psi_2 \end{bmatrix} \tag{3.11}$$

$(1.1 \times \psi_1 + 1.1 \times \psi_2) = 1$

$(120 \times \psi_1 + 80 \times \psi_2) = 100$

$\qquad \psi_1 = 0.682 \qquad \psi_2 = 0.227 \tag{3.12}$

投資家の効用をリスク中立とすれば証券の種類にかかわりなくペイオフは同じであるから，すべて証券が無リスク資産に金利分（＋10%）を加味したペイオ

フが実現することになる。

そのときの状態価格を$\hat{\psi}$とすれば

$$\frac{1}{1.1}(1.1\times\hat{\psi}_1+1.1\times\hat{\psi}_2)=1 \quad \rightarrow \quad \hat{\psi}_1+\hat{\psi}_2=1$$

$$\frac{1}{1.1}(120\times\hat{\psi}_1+80\times\hat{\psi}_2)=100$$

$$\hat{\psi}_1=0.75 \quad \hat{\psi}_2=0.25 \tag{3.13}$$

そこで（3.12）と（3.13）の関係は

$$\hat{\psi}_1=(1+r)\psi_1 \quad \hat{\psi}_2=(1+r)\psi_2 \tag{3.14}$$

$$0<\hat{\psi}_i\leq 1 \quad \hat{\psi}_1+\hat{\psi}_2=1$$

（3.13）の確率$\hat{\psi}$をリスク中立確率測度(risk-neutral probability measure)という。

（3.12）の確率を$P$,（3.13）の確率を$Q$として表現するのが一般的であるから

$$S_j=E^P(D_j)=\frac{1}{1+r}E^Q(D_j) \tag{3.15}$$

と表現する。であるから以下のようになる。

$$C=\frac{1}{1.1}(20\times\hat{\psi}_1+0\times\hat{\psi}_2)=13.64$$

## 3.2　2項ツリー

（3.11）を無リスク金利$r=10\%$として株式$S_t$を2項ツリー(binominal tree)で表す。

$$S\begin{array}{c} \overset{p}{\nearrow} uS=1.2\times 100 \\ \text{(確率)}\quad(u：アップ率 \quad d：ダウン率) \\ \underset{1-p}{\searrow} dS=0.8\times 100 \end{array} \tag{3.16}$$

よってリスク中立確率測度から

$$S=\frac{1}{1+r}[Sup+Sd(1-p)]$$

$$\rightarrow \frac{1}{1.1}\times[100\times 1.2\times p+100\times 0.8\times(1-p)]=100$$

第1部 市場構造 (Market Structure)

$$p=\hat{\psi}_1=\frac{(1+r)-d}{(u-d)}=0.75 \qquad 1-p=\hat{\psi}_2=\frac{u-(1+r)}{(u-d)}=0.25 \tag{3.17}$$

と計算される。

同様に条件付請求権についても2項ツリーで表すことができる。

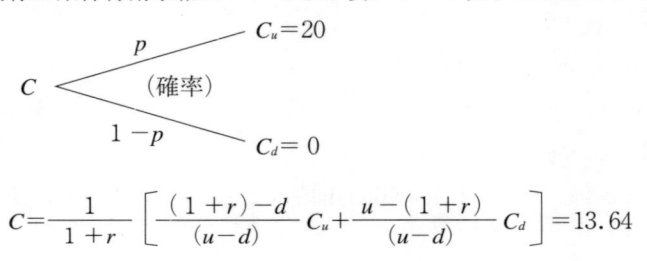

```
              p         C_u = 20
        C <  (確率)
              1-p       C_d = 0
```

$$C=\frac{1}{1+r}\left[\frac{(1+r)-d}{(u-d)}C_u+\frac{u-(1+r)}{(u-d)}C_d\right]=13.64$$

## 3.3 複製

2項ツリーは無裁定・完備市場なので株式と無リスク資産から条件付請求権 $C$ を複製することができる。(3.11)の事例から 株式数=$X$, 無リスク資産(貯蓄)=$B$ とすれば

$120X+1.1B=20 \qquad 80X+1.1B=0$

$X=0.5, B=-36.36$(借入れ)(自己資金13.64を出して株式を0.5株を買う)

よって条件付請求権の価値は以下のようになる。

$C=100\times 0.5-36.36=13.64$

## 4 マルチンゲール

### 4.1 定義

多期間モデルも1期間モデルと同様に,リスク中立確率測度が存在することと裁定機会がない,すなわち状態価格 $\psi$ が存在することは同値である。しか

し，多期間モデルではリスク中立確率測度のかわりにマルチンゲール確率測度 (martingale probability measure) を用いる[4]。

いま多期間モデルを考えるとフィルトレーション（filtration：増大情報系）$\mathcal{F}_t$ を考慮しなければならない。そこで，$\Omega\{=\Sigma\omega\}$ を起こりうる市場の状態であるとすれば，期間を $t=0,1,2……T$ 期と $t$ 期での市場の状態に関する情報の観察可能性は $\Omega$ の細分化の情報構造による。

いま証券の確率過程 $\{S_t\}$ で，$\mathcal{F}_t$ に適合過程（すなわち可測的）のとき

$$E_t^P[S_{t+u}|\mathcal{F}_t]=S_t \qquad \{t+u>t\geq 0\} \tag{3.18}$$

であるならば，$\{S_t\}$ は確率 $P$ に基づくマルチンゲール確率測度であるという。

（3.18）の含意は時間 $t$ を現在とすれば，将来の株価 $S_{t+u}$ は現在の株価 $S_t$ に依存することを意味している。

## 4.2　変　換　方　法

可測空間 $\{\Omega,\mathcal{F}\}$ のなかで（3.18）は $(1+r)$ という割引率を導入して確率測度 $P$ を同値マルチンゲール確率測度(equivalent martingale probability measure) $Q$ へ変換できる。これをマルチンゲールへの変換という。

$$E_t^Q[(1+r)^{-u}S_{t+u}|\mathcal{F}_t]=S_t \tag{3.19}$$

連続型で表現すれば以下のとおり。

$$E_t^Q(e^{-ru}S_{t+u}|\mathcal{F}_t)=S_t \tag{3.20}$$

なお，連続型のとき，確率測度 $P$ と $Q$ の変換は $\dfrac{dP}{dQ}$（ラドン－ニコディム微分：Radon-Nikodym derivative）が用いられる。

たとえば $B_t$ を確率測度 $P$-ブラウン運動（ランダムに動く）と考えると，$\mu,\sigma$ を定数とする確率過程 $S_t$ は

$$S_t=\mu t+\sigma B_t \tag{3.21}$$

となり，よって（3.20）は

---

[4]　Pliska, S. R. [1997]*Introduction to Mathematical Finance:Discrete Time Models,*Black-Well publishers.（木島正明監訳[2001]『数理ファイナンス』共立出版，p.98.）

第1部　市場構造（Market Structure）

$$E_t^P(e^{-ru}S_{t+u}|\mathcal{F}_t) > S_t$$

であるからマルチンゲールではない。マルチンゲールの変換により，結果的には（3.21）のドリフト項 $\mu t$ を除けばよい。よって

$$\tilde{B}_t = B_t + \frac{\mu}{\sigma}t \tag{3.22}$$

とすれば（3.21）は

$$S_t = \sigma \tilde{B}_t \tag{3.23}$$

となり確率測度 $Q$-ブラウン運動となる。

この変換は第13章のB－Sモデルの展開において重要なツールとして利用される。

## 4.3　表現定理

そこで $S_t$ がブラウン運動によるフィルトレーション $\mathcal{F}_t$ についてマルチンゲールであるならば，以下のとおりとなる。

$$S_{t+u} - S_t = \int_t^{t+u} \sigma_s dB_s \tag{3.24}$$

これをマルチンゲールの表現定理（martingle representation theorem）という。

# 5　パレート最適と均衡

## 5.1　パレート最適

パレート最適（pareto optimal）はある分配が現実可能で経済主体の効用を低下させることがなく，他の経済主体の効用も増加させることのできない状況をいう。よって，市場が無裁定・完備で $x^T = (x_1 x_2 \cdots\cdots x_N)$ が均衡であれば，

---

5) Duffie, D. [1996] *Dynamic Asset Pricing Theory*, Princeton University Press.（山崎昭，桑名陽一，大橋和彦，本多俊毅訳 [1998]『資産価格の理論』創文社，pp.29-30, 248-253.）

対応する均衡配分はパレート最適である[5]。この命題は厚生経済学の第1定理（the first welfare theorem）という。一方，たとえば中央計画者（セントラル・プランナー）によってパレート最適配分のもと自由に人に売買させることによって経済主体の効用を最大化させる状況に至ることも可能である。これを厚生経済学の第2定理（the second welfare theorem）という。

## 5.2 一般均衡

多期間における同値マルチンゲール確率測度を保証する証券（long-lived securities）があると，その市場は複製可能となり動的補完市場（dynamically complete market）が成立する。こうした市場で経済主体効用を最大化する状況（パレート最適を充足する）には2つの均衡化が考えられる。証券取引は消費過程の現物市場の一部であるとの考えに基づく証券・現物市場の均衡（security-spot market equilibrium）と状態依存請求権によるアロー・ドブリュー均衡（Arrow-Debreu equilibrium）である。

# 第4章 効率的市場仮説

## 1 効率的市場の類型

### 1.1 定　　義

効率的市場仮説（efficient market hypothesis：ＥＭＨ）についてはファーマ（Fama, E. F.）の次の定義が最も一般的である。

『資本市場の役割は，経済の資本ストックに対する所有の分配である。一般的にいえば，価格が資源分配のための正確なシグナルを提供する市場が理想である。すなわち投資家はいかなる時点の証券価格が利用可能な情報をすべて完全に反映しているという仮定の下，企業は生産と投資を決定し，そして投資家は企業活動の所有権を表す証券の中から選択が可能な市場である。価格が常に"利用可能な"情報を完全に反映している（fully reflect）市場のことを"効率的（efficient）"と呼ぶ[1]。』

そこで $t$ 期における情報集合 $\mathcal{F}_t$ を条件とした翌期価格 $S_{t+1}$ の予想を $E(S_{t+1}|\mathcal{F}_t)$ という条件付期待値（conditional expectation）として表す。まず $t$ 期の株価を $S_t$ として

$$S_{t+1} = S_t(1 + \mu_{t+1})$$

---

[1] Fama, E. F. [1970] "Efficient Capital Market：A Review of Theory and Empirical Work," *Journal of Finance 25*, p. 383.

$$\mu_{t+1}=\frac{S_{t+1}-S_t}{S_t} \quad (期待収益率)$$

の関係があるとする。

次に $\xi_{t+1}$ を $S_{t+1}$ に関する現実値とその期待値の差とすれば

$$\xi_{t+1}=S_{t+1}-E(S_{t+1}\mid \mathcal{F}_t)$$

であり,効率的市場では

$$E(\xi_{t+1}\mid \mathcal{F}_t)=0 \tag{4.1}$$

となる。

効率的市場では情報集合 $\mathcal{F}_t$ の下,市場で決定された超過期待収益(excess expected return)$\xi_{t+1}$ は生じないことを意味する。この状態を特にファーマはフェアー・ゲーム(fair game)と呼んだ。

フェアー・ゲームは3通りに分類できる。

$E(\mu_{t+1}\mid \mathcal{F}_t)=\mu_t \quad \rightarrow \quad E(S_{t+1}\mid \mathcal{F}_t)=S_t$
$\quad\quad\quad\quad\quad\quad\quad \rightarrow \quad$ マルチンゲール(martingale)

$f(\mu_{t+1}\mid \mathcal{F}_t)\geq \mu_t \quad \rightarrow \quad E(S_{t+1}\mid \mathcal{F}_t)\geq S_t$
$\quad\quad\quad\quad\quad\quad\quad \rightarrow \quad$ サブ・マルチンゲール(sub-martingale) または
$\quad\quad\quad\quad\quad\quad\quad\quad\quad$ 劣マルチンゲール

$f(\mu_{t+1}\mid \mathcal{F}_t)=f(\mu_{t+1})$ ランダム・ウォーク(random walk)

なお,他にマルチンゲールとしては以下の場合もある。

$E(\mu_{t+1}\mid \mathcal{F}_t)\leq \mu_t \quad \rightarrow \quad E(S_{t+1}\mid \mathcal{F}_t)\leq S_t$
$\quad\quad\quad\quad\quad\quad\quad \rightarrow \quad$ スーパー・マルチンゲール(super-martingale)
$\quad\quad\quad\quad\quad\quad\quad\quad\quad$ または優マルチンゲール

## 1.2 効率的市場の類型

ファーマは効率的市場仮説の検証基準(test)として以下のように類型化した。

① ウィーク型

市場が利用可能なすべての情報を包含した情報集合として,それに基づいて

形成された価格の時系列をウィーク（weak）型という。各期の価格は各期情報集合に基づき別々に形成される。各期の価格は予期し得ない突発的要因のみに依存する。そして価格はこの突発的要因により酔っ払いの千鳥足のように変化するからランダム・ウォークともいう。

② セミ・ストロング型

投資家が公表され容易にかつ安価で入手可能な情報，たとえば経営者のシグナルとしての会計情報，新聞雑誌，放送等の情報，証券アナリスト，エコノミストのマクロ的予測等を$S_{t+1}$の情報集合として，それを反映して即座に価格形成されている場合をセミ・ストロング（semi-strong）型という。

③ ストロング型

一般に入手できない情報や，企業内部の機密情報等の情報集合について市場の価格に徐々に反映されている場合をストロング（strong）型という。こうした情報が公表された時にはすでに株価にその情報は織り込み済みである。

## 1.3 マルチンゲールとファーマの基準

マルチンゲールの概念を利用してファーマが類型化した3つの効率的市場の検証基準について以下のように整理する。

① ウィーク型＝ランダム・ウォーク

$$E(\xi_{t+1} \mid \mathcal{F}_t) = 0 \quad \forall (過去の情報) \in \mathcal{F}_t$$

上記式はあらゆる（∀）過去の情報を含む（∈）から超過期待収益は生じないことを意味する。

② セミ・ストロング型

$$E(\xi_{t+1} \mid \mathcal{F}_t) = 0 \quad \forall (過去の情報＋公的情報) \in \mathcal{F}_t$$

③ ストロング型

$$E(\xi_{t+1} \mid \mathcal{F}_t) = 0 \quad \forall (過去の情報＋公的情報＋私的な情報) \in \mathcal{F}_t$$

第4章 効率的市場仮説

## 2 ランダム・ウォークの細分

ファーマの類型は期待収益率のみに依拠しており，リスクは欠落している。そこで，株価を以下のように規定した上で，リスクを包摂した概念からランダム・ウォークを細分化する[2]。

$S_t = \mu + S_{t-1} + \varepsilon_t \quad \varepsilon_t : i.i.d. \sim N(0, \sigma^2)$ （4.2）

$\mu$：期待価格の変化（簡単にリスク中立型としてドリフト（金利）を想定すればよい）

$\varepsilon_t$：ホワイトノイズ (white noise)　$i.i.d.$ (independently and identically distributed)「独立でかつ同一の分布」で正規分布（$N$）

$\sigma^2$：$\varepsilon_t$の分散（$Var$）

① 単純対称ランダム・ウォーク（$\mu = 0$）

このケースとして2項過程と整合的である。

$E(S_t | S_0) = S_0$

$Var(S_t | S_0) = \sigma^2$

こうした状態は上記の条件に$Cov(S_t, S_{t-k}) = \gamma(k)$（＝自己共分散が一定）を加えれば一定内で変動する定常過程（stationary process）の性格を持つ。

② 正規強ランダム・ウォーク（$\mu$が$i.i.d.$正規過程）

後ろ向きに過去の$S_t$を繰り返すとマルチンゲールは

$E(S_t | S_0) = S_0 + \mu t$

$Var(S_t | S_0) = \sigma^2 t$

と表現できる。

---

2) Brockwell, P. J., Davis, R. A. [1996] *Introduction To Time Series and Forecasting, 2nd Edition*, Springer-Verlag, N. Y, Inc.（逸見功，田中稔，宇佐美嘉弘，渡辺則生訳［2004］『時系列解析と予測』シーエーピー出版，pp. 7-8.）
　Campbell, J. Y., Lo, A. W., Mackinlay, A. C. [1997] *The Econometrics of Financial Markets*, Princeton University Press.（祝迫得夫，大橋和彦，中村信弘，本多俊毅，和田賢治訳［2003］『ファイナンスのための計量分析』共立出版，pp. 31-34.）
　刈屋武昭［2003］「金融時系列分析入門」『経済時系列の統計』岩波書店，p. 13.

第 1 部　市場構造（Market Structure）

これは後述するＣＡＰＭ，ブラウン運動の確率過程と整合的である。

そしてこの収益率は $N(\mu t, \sigma^2 t)$ となり，非定常過程（non stationary process）の性格を持つ。

③　強ランダム・ウォーク（$\mu$ が $i.i.d.$ 過程）

収益率の正規分布の条件をはずすと，多くはファット・テイル（fat tail）分布型（または長い尾をした分布）になる。

この他にも④準強ランダム・ウォーク（$\mu$ が独立的に変化），⑤弱ランダム・ウォーク：（$\mu$ が無相関）のような細分化が可能である。

## 3　イベント・スタディ

### 3.1　方　　法

この市場の効率性を検証するには株価に影響するある出来事（イベント）のニュースを与えて株価の反応をみる方法が一般的である。これをイベント・スタディ（event study）という。

$i$ 銘柄の株式収益率 $\mu_i$ と $\mu_M$（市場全体の収益率）の関係を時系列データ（イベントに関係しない通常な期間）から推計することから始める[3]。その推定式は以下のとおりである。$\hat{\alpha}, \hat{\beta}$ の回帰式を推計する。その推定値を $\hat{\mu}_i$ とすれば

$$\hat{\mu}_i = \hat{\alpha} + \hat{\beta} \mu_M \tag{4.3}$$

　　$\hat{\alpha}$；市場全体の収益率がゼロのときの収益率の推定値

　　$\hat{\beta}$；市場全体の収益率に対する感応度の推定値

となる。

この推定方法は［図表 4.1］に示した単回帰分析（simple linear regression analysis）が利用される。

たとえば，この事例では以下のように表される[4]。

---

3）　この場合，連続複利収益率で計算する場合が多い。

第 4 章　効率的市場仮説

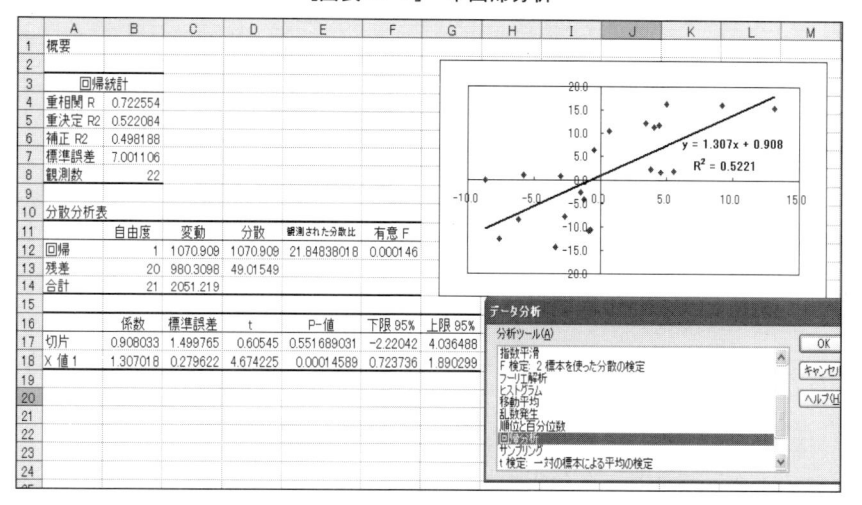

[図表 4 . 1]　単回帰分析

$$\hat{\mu}_i = 0.908 + 1.307 \mu_M \qquad (4.4)$$
$$(4.674)$$

$R^2 = 0.522$（決定係数）　（　）： $t$ 値で95％の有意水準

さらに上記式からイベント発生時を含む一定の期間における影響は実際値と推定値の差額 $U_{it}$ でイベントにかかる異常収益率（abnormal return）である。

$$U_{it} = \mu_{it} - \hat{\mu}_{it} \qquad (4.5)$$

そして情報の価格への伝播の程度については一定期間を累積したアブノーマル・リターンである累積異常収益率（cumulative abnormal return：ＣＡＲ）から，市場の類型が検証できる。このようにして，多くの実証研究で市場が効率的であると結果が析出された[5]。

---

4）　Excel による回帰分析については竹田聡 [2001]『Excel による経済データ分析』東京図書，等を参照。
5）　Fama, E. F., Fisher, L., Jensen, M. C., Roll, R.[1969] "The Adjustment of Stock Price to New Information," *International Economic Review* 10, pp. 1－21.
　　Keown., A. J., Pinkerton, J. M. [1981] "Merger Announcements and Insider Trading Activity：An Empirical Investigation," *Journal of Finace 36*, pp. 855－869.

第1部　市場構造（Market Structure）

## 3.2　実証結果

以下，イベント・スタディによる［図表4.2］の株式分割と［図表4.3］のM&Aの事例からCARの結果を紹介する。

［図表4.2］　株式分割のCAR

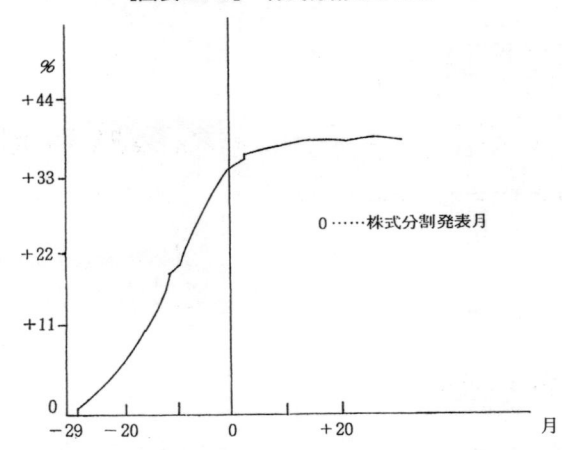

0……株式分割発表月

出所：Fama, E. F. et al. [1969] p.13.

［図表4.3］　M&Aによる標的会社のCAR

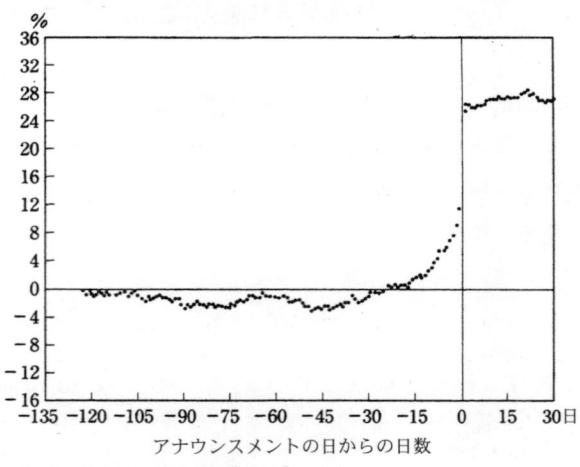

アナウンスメントの日からの日数

出所：Keown, A. J., Pinkerton, J. M. [1981] p.561.

## 4 効率的市場仮説への疑問

### 4.1 ボラティリティ・テスト

いまリスク中立型投資家を想定すると安全資産と危険資産の収益率 $r$ は等しい，すなわち裁定取引の余地のないマルチンゲールの市場を前提にシラー（Shiller, R. J.）は理論的価格モデル$S_t$を以下のように考えた。

$$S_t = \left[ \sum_{i=1}^{\infty} \frac{E(D_{t+i})}{(1+r)^i} \mid \mathcal{F}_t \right] \tag{4.6}$$

$D$：1株当り配当　　$\mathcal{F}_t$：$t$期の情報

（4.6）に基づき統計的に処理を行い，$S_t$の推移を算出する。一方，期待配当に代わり実際値から$S_t^*$として算出する。

$$S_t^* = \sum_{i=1}^{\infty} \frac{(D_{t+i})}{(1+r)^i} \tag{4.7}$$

そのとき現実値と理論値との誤差は $S_t^* = S_t + \varepsilon_t$ であり，$S_t$と$\varepsilon_t$が互いに独立であるとき

$$Var(\varepsilon_t) = Var(S_t^*) - Var(S_t) \geq 0 \tag{4.8}$$

となる[6]。

シラーは長期間（Ｓ＆Ｐ指数100年以上，DJIA50年以上）の株価と配当の時系列の実証結果から（4.8）と逆に$Var(S_t^*) - Var(S_t) \leq 0$との結果を得た。これは投資家の配当予測が合理的でないか，割引率が間違っているからだとして，効率的市場仮説に疑意を投げかけた。こうした株価の変動を用いた検証方法を，一般にボラティリティ・テスト（volatility test）という。

---

6）　なぜなら，予想収益率（$r$）を一定にすると，実際配当による株価変動は期待配当による株価変動よりも大きいからである。

　　Shiller, R. J. [1981] "Do Stock Prices Moves Too Much to Be Justified by Subsequent Changes in Dividends？" *American Economic Review 71*, pp. 421－435.

第1部　市場構造（Market Structure）

このテストをもとにシラーは資本市場の株価は投資家のファッション，ファズ（fads）に基づいた投資家の心理により形成されると主張するに至った。これは行動ファイナンス（behavior finance）の台頭を促した。

## 4.2　アノマリー

さらに効率的市場の実証研究がなされていくにつれ，証券市場でいくつかのアノマリー（anomaly）が見つかった。

① 小型株効果……規模の小さい企業が大きい企業より投資収益率が高い傾向がある。
② 暦（月，曜日）……米国では1月が他の月に比べて高い。日本では3月効果がある。また週末金曜日の投資収益率は他の曜日より高い傾向がある。
③ E／P効果……低い株価収益率（price earning ratio：PER）の銘柄は高いPERの銘柄よりも投資収益率は高くなる。
④ リバーサルズ（reversals）効果……過去一定の期間パフォーマンスのよい銘柄は，その後悪く，逆にパフォーマンスが悪い銘柄は，その後よくなる傾向がある。

特に③についてこれは［図表4.4］で示したとおり，当初低いPERの銘柄=負け組，高いPERの銘柄=勝ち組はその後のパフォーマンスをみると逆転してしまう現象であることをデボンド－セイラー（De Bondt, M., Thaler, R. H.）は実証した[7]。

---

7) De Bondt, W. F. M., Thaler, R. H. [1985]"Does the Stock Market Behavior,"*Journal of Finance 40*, pp. 793-808.

第4章　効率的市場仮説

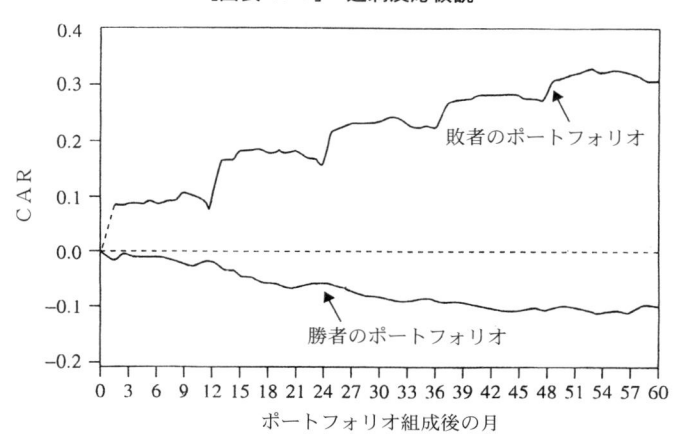

[図表4.4]　過剰反応仮説

出所：De Bondt, M., Thaler, R. H.［1985］p.800.

## 4.3　ファーマの改定

以上のように効率的市場仮説に対する異議が唱えられてきたため，より現実的な効率的市場仮説の改定基準をファーマは発表した[8]。その変更は以下のとおりである。

① ウィーク型をリターンの予測可能性テストへ
② セミ・ストロング型をイベント・スタディのテストへ
③ ストロング型を私的情報のテストへ

---

8）　Fama, E. F.［1991］"Efficient Capital Markets Ⅱ ,"*Journal of Finance 46*, pp.1575-1617.（小峰みどり監訳［1992］『証券アナリストジャーナル』pp.35-83. Vol.30.）

# 第2部
## ファンダメンタルズと投資心理
## (Fundamentals & Investment Psychology)

# 第5章 株　　　式

## 1　ファンダメンタルズによる株価

### 1.1　配当基準

　この理論はウィリアムズ（Williams, J. B.）を嚆矢とする[1]。

　毎期1株当たり$D$円配当が予定されている株式の価値は利子率に相当する資本化率 $r$ (rate of capitalization) により割り引かれる流列の合計であるとした。この考え方に従えば，今期末（1年後）の配当の現在価値は$\frac{D}{(1+r)}$である。同様に2年末のそれは$\frac{D}{(1+r)^2}$となる。したがって，この株式を売却しなければ，株価 $S$ は（5.1）のように表される。

$$S = \sum_{t=1}^{\infty} \frac{D_t}{(1+r)^t} = \frac{D}{r} \qquad (5.1)[2]$$

　$D_t = D$（配当は一定）

　これを配当割引モデル（dividend discount model: DDM）という。

　ゴードン（Gordon, M. J.）は次のように考えた[3]。

---

[1] Williams, J. B. [1938] *The Theory of Investment Value,* Havard University Press. North Holland Publishing (1956).
[2] 初項 $D/(1+r)$，公比 $1/(1+r)$ の無限等比級数であるから，$S=$初項$/(1-$公比$)$の公式に代入すればよい。
[3] Gordon, M. J. [1962] *The Investment, Financing and Valuation of the Corporation,* Irwin, Homewood, Ⅲ.

第 2 部　ファンダメンタルズと投資心理（Fundametals & Investment Psychology）

利益が配当支払いよりも大きいときには，1株当たり利益（earning per share：ＥＰＳ）$\pi$ として内部留保率を $b\,(=\dfrac{(\pi-D)}{\pi})$，投資利益率 $\varphi$ とすると，配当は

　　1期：$D$　　2期：$D(1+\varphi b)$　　3期：$D(1+\varphi b)^2$……

となるから

$$S=\sum_{t=1}^{\infty}\frac{D(1+\varphi b)^{t-1}}{(1+r)^t} \qquad (5.2)$$

を得る。（5.2）の解は

$$S=\frac{D}{r-g} \qquad \text{ただし } r>g=\varphi b \qquad (5.3)^{4)}$$

である。

　ここでは $\varphi b$ を配当の成長率 $g$ として置き換えた。これを定率成長モデル（constant growth model）またはゴードン・モデル（Gordon model）という。たとえば，配当が1，利子率2％，成長率1％であれば株価は100となる。$\varphi$ は後述するＲＯＥ（自己資本利益率）に相当する。

## 1.2　利益基準

　ファマーミラー（Fama.E.F, Miller, M.H.）は，ゴードンの主張を"the bird in the hand argument"（手の内の1羽は藪の中の2羽と同じ価値があるかという論争）の外見上の衝突であるとしている。株価は配当ではなく，利益の中から支払われるので，1株当たり利益 $\pi$，資本割引率 $\rho\,(=r+\gamma)$（$\gamma$ はリスク・プレミアム）[5]とすれば，以下のように定式化できる。

$$S=\sum_{t=1}^{\infty}\frac{\pi_t}{(1+\rho)^t}$$

---

[4]　（5.3）は初項 $\dfrac{D(1+g)^0}{(1+r)}=\dfrac{D}{1+r}$，公比 $\dfrac{1+g}{1+r}$ の無限等比級数である。

[5]　無裁定条件の下，MM（Miller, Modigliani）理論上の資本コスト（capital cost）と考えても差し支えない。

$\pi_t = \pi$（利益は一定）

$$S = \frac{\pi}{\rho} \tag{5.4}$$

この議論に立つと配当と株価の無関連命題が成立する[6]。

それではなぜ敢えて配当をするか。その1つの理由として市場における情報の非対称性(asymmetry of information)に対するシグナル効果（signal effect）であるといわれる。

次に利益が一定の成長をするとしよう。すなわち，毎期利益が $g$ で成長する場合，以下のようになる。

$$S = \sum_{t=1}^{\infty} \frac{\pi(1+g)^{t-1}}{(1+\rho)^t}$$

$$S = \frac{\pi}{\rho - g} \qquad \text{ただし } \rho > g \tag{5.5}$$

## 2　マルチンゲールによる株価

### 2.1　マルチンゲールによる株価

いま，株式の期待収益率を以下のようにリスク中立型で表す。

$$E_t(\mu_{t+1}) = \frac{E_t(S_{t+1}) - S_t + E_t(D_{t+1})}{S_t} = r \tag{5.6}$$

$S_t$：$t$ 時点の株価　$D_{t+1}$：$t$ と $t+1$ の間の1株当たり配当　$r$：利子率（一定）

効率的市場仮説をマルチンゲール性で表現すれば

$$E(S_{t+1} \mid \mathcal{F}_t) \equiv E_t(S_{t+1}) \tag{5.7}$$

$\mathcal{F}_t$：$t$ 期における情報集合

であるので

---

6) Miller, M. H., Modigliani, F. [1961] "Dividend Ploicy, Growth, and the valuation of Shares," *Journal of Business 34*, pp. 411−433.

第2部　ファンダメンタルズと投資心理（Fundametals & Investment Psychology）

$$S_t = \delta E_t(S_{t+1} + D_{t+1}) \quad \text{ただし } \delta = \frac{1}{1+r} \tag{5.8}$$

を得る。

同様に次期では

$$E_t(S_{t+1}) = \delta E_t(S_{t+2} + D_{t+2}) \tag{5.9}$$

である。

そこで（5.8）と（5.9）から繰返し期待値の法則（law of iterated expectations：RE）を利用すれば

$$S_t = E_t[\delta D_{t+1} + \delta^2 D_{t+2} + \delta^3 D_{t+3} + \cdots + \delta^j(S_{t+j} + D_{t+j})] \tag{5.10}$$

を得るから

$j \to \infty$ とすれば $\delta^j \to 0$ であるので（5.10）は

$$S_t = E_t \sum_{j=1}^{\infty} \delta^j D_{t+j} \tag{5.11}$$

となる。

つぎに配当 $D(=D_{t+1})$ が一定率 $(g)$ で成長する定率成長モデルを考えると

$$S_t = \sum_{j=1}^{\infty} \delta^j (1+g)^{j-1} D \tag{5.12}$$

$$S_t = \frac{D}{r-g} \tag{5.13}$$

を得る[7]。

（5.13）はゴードン・モデルと同じである[8]。

## 2.2　利益か配当か

Miller はMM理論において株価は期待キャッシュ・フローの利益により決まり，配当は株価に影響を及ぼさないと主張した。しかしシラー[1981]は株価

---

7）　連続型で表せば $\log S_t = \alpha + \log D_t \quad \alpha = \log[\frac{1}{(r-g)}]$

8）　合理的価値公式（rational valuation formula）とも呼ばれる。(Cuthbertson, K., Nitzsche, D. [2004] *Quantitative Financial Economics*, John Wiley & Sons, p.247.)

のファンダメンタルズからの乖離を証明するために配当ファクターを用いた[9]。なぜなら $t$ 期での利益は以前の利益の内部留保による再投資も含まれるから、ファクターに利益を用いることはダブル計上である。一方、確かに無配の企業については（5.13）は計算できないが企業は長期的には配当するのであろうから、配当ファクターによる株価は計算可能であり、より適切であるとする。またシラーはＳ＆Ｐのデータに基づく実証研究から長期的には現実の株価の成長率は利益よりも配当ファクターがより適合することを析出した。

問題の所在は株価がどのようなファンダメンタルズに依存するかということである。これに関して多くの時系列の実証研究が多く行われた。その代表的な研究がファーマーフレンチ（Fama, E. F., French, K. R.）[10]をはじめとするファクター・モデル（factor model）である。

# 3 ＲＯＥと資本コスト

## 3.1 ＲＯＥ

自己資本利益率（return on equity：ＲＯＥ）は簿価基準で

$$\frac{\pi}{E} = 1 株当たり利益（ＥＰＳ）÷ 1 株当たり純資産 \tag{5.14}$$

で表される。

そこでゴードン・モデルでは $\varphi = ＲＯＥ$ であるから

$$S = \frac{D}{r - \varphi \cdot b} \tag{5.15}$$

となる。

他を一定としてＲＯＥが上昇すると株価 $S$ が上昇することがわかる。さらに

---

[9] Shiller, R. J. [1981] *ibid.*
[10] 長期リターンの分散のうち、配当／株価の説明要素の役割が増加したとするファクター・モデルである。(Fama, E. F., French, K. R. [1988] "Dividend Yields and Expected Stock Returns," *Journal of Financial Economics 22*, pp. 33-27.)

第2部　ファンダメンタルズと投資心理（Fundametals & Investment Psychology）

ヒギンズ（Higgins, R.C.）はＲＯＥと株価純資産倍率（price-book value ratio：ＰＢＲ）の相関は高いとして，株価を上昇させるためにはＲＯＥを上昇させるべきであると主張する[11]。

## 3.2　ＥＢＯモデル

すでに述べた根強いＲＯＥの支持と強い仮定の下での理論性を備えた資本割引率 $\rho$ （capital discount）を用いて会計上の枠組みから，企業評価（株価）を提唱したのがＥＢＯモデル（EBO model）である。このモデルはオールソン（Ohlson, J.）がエドワード—ベル（Edwards, J., Bell, P.）の概念を再定式化したものである[12]。以下，そのモデルを紹介する。

まず，1株当たり利益（ＥＰＳ）から1株当たり配当 $D$ が控除された1株当たり純資産 $E$（自己資本）に留保される関係をクリーン・サープラス関係（clean surplus relation）という。

---

11)　Higgins, R. [2001]*Analysis Financial Management 6/e*, Irwin（グロービス・マネジメント・インスティチュート訳 [2002]『ファイナンシャル・マネジメント　新版』ダイヤモンド社, pp.59−60.）。ただし，筆者の調査では日本のＰＢＲとＲＯＥの関係から，この主張は日本においては見い出せなかった。
　　ＲＯＥ，ＰＢＲの関係は以下のとおり。
　　　　ＰＥＲ（株価収益率）＝株価÷1株当たり利益（earning per share：ＥＰＳ）
　　　　ＰＢＲ＝株価÷1株当たり純資産
　　　　ＲＯＥ＝ＰＢＲ÷ＰＥＲ
　　なお，ＰＢＲはマリス（Marris, R.L.）の評価率 $v$ と同じ概念であり，これは後のトービンのq（Tobin's q）に相当する。そのトービンのqは企業がみずからの企業価値が実質資本の再取得価格を上回るときに設備投資をするための指標であり，企業価値と資本の再取得価格の比である。

12)　Edwads, J., Bell, P. [1961]*The Theory and Measurement of Business Income*, University of California Press.
　　Ohlson, J. [1995]"Earnings, Book Values and Dividends in Equity Valuation," *Contemporary Accounting Research 11*, pp.661−687.
　　薄井彰 [1999]「クリーンサープラス会計と企業の市場評価モデル」『會計』155. 3号，pp.68−83.

$$E_{t+i} = E_{t+i-1} + \pi_{t+i} - D_{t+i} \qquad (5.16)$$

この関係から，ＤＤＭを前提に株価を以下のように定式化する。

$$S = \sum_{i=1}^{\infty} \frac{(E_{t+i-1} - E_{t+i}) + \pi_{t+i}}{(1+\rho)^i} = E_t + \sum_{i=1}^{\infty} \frac{\pi_{t+i} - \rho E_{t+i-1}}{(1+\rho)^i} \qquad (5.17)$$

$\rho$：資本割引率＝資本コスト

となり[13]，(5.16) は $\pi_{t+1} = \varphi_{t+1} \times E_t$ であるから次式を得る。

$$S_t = E_t + \sum_{i=1}^{\infty} \frac{(\varphi_{t+i} - \rho) E_{t+i-1}}{(1+\rho)^i} \qquad (5.18)$$

(5.18) がＥＢＯモデルである[14]。

---

[13] 計算展開を示す。

$$\frac{(E_t - E_{t+1}) + \pi_{t+1}}{(1+\rho)} + \frac{(E_{t+1} - E_{t+2}) + \pi_{t+2}}{(1+\rho)^2} + \cdots$$

$$= \frac{\pi_{t+1} + E_t}{(1+\rho)} + \frac{-E_{t+1}(1+\rho) + (E_{t+1} - E_{t+2}) + \pi_{t+2}}{(1+\rho)^2} + \cdots$$

$$= \frac{\pi_{t+1} + E_t}{(1+\rho)} + \frac{\pi_{t+2} - \rho E_{t+1}}{(1+\rho)^2} + \frac{\pi_{t+3} - \rho E_{t+2}}{(1+\rho)^3} + \cdots$$

$$\frac{\pi_{t+1} + E_t}{(1+\rho)} = \frac{\pi_{t+1} - \rho E_t + (1+\rho) E_t}{(1+\rho)} = E_t + \frac{\pi_{t+1} - \rho E_t}{(1+\rho)}$$

[14] 同様に企業価値の算出としてスターン・スチュアート（Stern Stewart）社が考案したＥＶＡ（economic value added：経済的付加価値）がある。収益を税引営業利益（Net Operation Profit After Tax：NOPAT, $\bar{\pi} = (1-\tau)\pi$），費用を資本割引率＝資本コスト（$\rho$）と考えて，以下のように計算する。（ただし $\tau$：法人税率）

ＥＶＡ＝NOPAT－資本費用
資本費用＝投下資本×$\rho$

第2部　ファンダメンタルズと投資心理（Fundametals & Investment Psychology）

# 第6章　債　　　券

## 1　利回り（イールド）

### 1.1　利回り（イールド）

　社債は借入金なので $L$（発行総額＝額面×額面券数），$T$（償還期間）が予め決まっており，利息支払いについては償還期間まで額面 $B$ に対して一定の支払い利息 $C$ を利札（クーポン）で支払う利付債（interest bearing-bond）にする，または額面以下で発行してその差額を利息として償還期にまとめて支払う割引債（discount bond）にするかの2通りの発行方法がある。その他にも財務の特約条項や満期前に償還出来るコール条項等もあるが，ここでは，これらの条項（covenant）を考慮外とする。

　いま債券価格 $S$ は以下のようになる。

$$S = \sum_{t=1}^{T}\left[\frac{C_t}{(1+r)^t}\right] + \frac{B_T}{(1+r)^T} \qquad (6.1)$$

　　　$B$：償還価格

　債券では利率を特に利回り（イールド：yield）という。（6.1）のように満期までの価格 $S$ に対する場合を最終利回り（yield to maturity：YTM）という。債券発行後に債券を購入すれば，既に債券価格が存在するので，以下のようにYTM（単利）が計算できる。

第6章 債　　券

$$r = \frac{C_t + \left(\dfrac{B_T - S_t}{T}\right)}{S_t} \tag{6.2}$$

たとえば，満期3年，額面100でクーポンが年率5％（額面に対して）とする社債価格が97.3であると，最終利回りは6.06％である。そして債券価格が102であれば，最終利回りは4.25％になる。

つぎに割引債価格は同様な条件において，以下のようにして求められる。

$$S_t = \frac{B_T}{(1+r)^{T-t}} = B_T e^{-r(T-t)} \tag{6.3}$$

（6.3）における$S$と$r$の関係は［図表6.1］のとおりである。

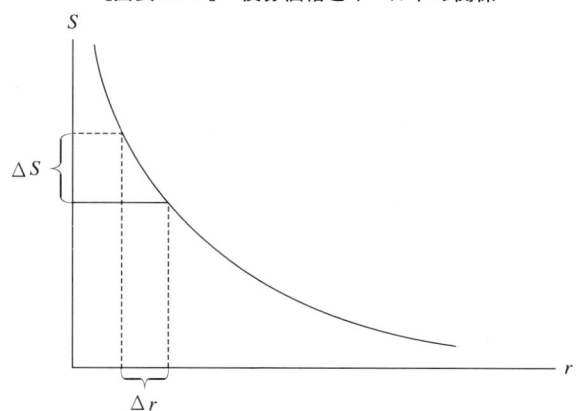

［図表6.1］　債券価格とイールドの関係

## 1.2　ＹＴＭの計算

複利でＹＴＭをExcelで用いて計算する。［図表6.2］に示したとおり関数ウィザードのツールは内部収益率（ＩＲＲ）とゴールシークである。事例は債券を95で購入した。利息5％（額面100に対して），満期は5年後である。

第 2 部　ファンダメンタルズと投資心理（Fundametals & Investment Psychology）

**[図表6.2]　ＹＴＭの計算**

| | A | B | C | D | E | F | G | H | I |
|---|---|---|---|---|---|---|---|---|---|
| 1 | YTM | | | | | | | | |
| 2 | | IRR方式 | ゴールシーク方式 | | | | | | |
| 3 | | 6.193% | 6.193% | 《当初は適当な数値を入れる》 | | | | | |
| 4 | | | | | | | | | |
| 5 | | | 0 | 1 | 2 | 3 | 4 | 5 | 合計 |
| 6 | IRR方式 | Cash Flow | -95 | 5 | 5 | 5 | 5 | 105 | |
| 7 | ゴールシーク方式 | NPV | 95 | 4.7084 | 4.4338 | 4.1752 | 3.9317 | 77.7509 | 95.0000 |

ゴール シーク
数式入力セル(E): $I$7
目標値(V): 95
変化させるセル(C): $C$3
OK　キャンセル

# 2　デュレーション

## 2.1　マーコレーのデュレーション

（6.1）を $(1+r)$ で微分する[1]。

$$\frac{dS}{d(1+r)} = \frac{d\left[\sum_{t=1}^{\infty} C_t(1+r)^{-t} + B_T(1+r)^{-T}\right]}{d(1+r)} \quad (6.4)$$

$$\frac{dS}{d(1+r)} = -\frac{1}{1+r} \times D_{mac} \times S \quad (6.5)$$

---

[1]　まず $y = x^{-a} \rightarrow y' = -ax^{-(a+1)}$ を前提として $S = \sum_{t=1}^{3} \frac{C}{(1+r)^t} + \frac{B}{(1+r)^3}$
の簡単な事例を考えると展開が容易である。

$$\begin{aligned}\frac{dS}{d(1+r)} &= \left[C\left((1+r)^{-1} + (1+r)^{-2} + (1+r)^{-3}\right) + B(1+r)^{-3}\right]' \\ &= \left[-C\left((1+r)^{-2} + 2(1+r)^{-3} + 3(1+r)^{-4}\right) - 3B(1+r)^{-4}\right] \\ &= -\frac{1}{1+r}\left[\frac{C}{(1+r)} + \frac{2C}{(1+r)^2} + \frac{3C}{(1+r)^3} + \frac{3B}{(1+r)^3}\right]\end{aligned}$$

第6章 債　　券

$$D_{mac} = \frac{\sum_{t=1}^{T} \frac{tC}{(1+r)^t} + \frac{TB}{(1+r)^T}}{S}$$

いま $d(1+r) = dr$ であることに留意すると

$$\frac{dS}{dr} = -\frac{1}{1+r} \times D_{mac} \times S \rightarrow \frac{dS}{S} = -\frac{dr}{1+r} D_{mac} \qquad (6.6)$$

（6.6）は価格の変化 $\frac{dS}{S}$ と利回りの変化 $\frac{dr}{1+r}$ がデュレーション（duration）によって結ばれている。特に $D_{mac}$ の表記はマーコレー（Macaulay, F.）が考案したことによる[2]。マーコレーのデュレーション（$D_{mac}$）を再表記する。

$$D_{mac} = \frac{\sum_{t=1}^{T} \frac{tC}{(1+r)^t} + \frac{TB}{(1+r)^T}}{S} = \frac{\frac{C}{(1+r)}}{S} \times 1 + \frac{\frac{C}{(1+r)^2}}{S} \times 2$$

$$\cdots\cdots + \frac{\frac{C+B}{(1+r)^T}}{S} \times T \qquad (6.7)$$

（6.7）は各キャッシュ・フロー（利息と元金）を得られる年数ごとに加重平均している。これにより債券の平均回収期間を求めることもできる。

つぎにマーコレーのデュレーション（$D_{mac}$）の計算をしてみよう。

たとえば残存年数2年の6％利付き債券（半年支払い）と割引債がともに最終利回り年8％（半年4％）と仮定したときのマーコレーのデュレーション（$D_{mac}$）を［図表6.3］で計算すると利付き債券は1.912年，割引債は2年となる。割引債は残存年数と一致する。

---

2）　Macaulay, F.[1938] "Some Theoretical Problems Suggested by the Movement of Inertest Rates, Bond Yields, and Stock Prices Since 1856," *National Bureau of Economic Research.*

第2部　ファンダメンタルズと投資心理（Fundametals & Investment Psychology）

[図表6.3]　マーコレーのデュレーション計算

| [利付債券] | | | | |
|---|---|---|---|---|
| 期間 | CF | 割引ファクター | 現在価値 | 現在価値＊期間 |
| 0.5 | 3 | 1.04 | 2.88 | 1.44 |
| 1 | 3 | 1.08 | 2.77 | 2.77 |
| 1.5 | 3 | 1.12 | 2.67 | 4.00 |
| 2 | 103 | 1.17 | 88.04 | 176.09 |
| sum | 112 | | 96.37 | 184.31 |
| duration | 1.912 | | | |
| [割引債] | | | | |
| 期間 | CF | 割引ファクター | 現在価値 | 現在価値＊期間 |
| 0.5 | 0 | 1.04 | 0.00 | 0.00 |
| 1 | 0 | 1.08 | 0.00 | 0.00 |
| 1.5 | 0 | 1.12 | 0.00 | 0.00 |
| 2 | 100.00 | 1.17 | 85.48 | 170.96 |
| sum | 100.00 | | 85.48 | 170.96 |
| duration | 2.00 | | | |

## 2.2　修正デュレーション

実務的にはイールドの変化に対する債券価格の感応度の尺度である$D_{mod}$（修正デュレーション：modified duration）が使われている。

$$\frac{dS}{dr} = -\frac{1}{(1+r)} \times D_{mac} \times S = D_{mod} \times (-S) \qquad (6.8)$$

$$\frac{dS}{S} = -D_{mod} \times dr \qquad (6.9)$$

（6.9）はもし$D_{mod}=10$であれば，イールド（$r$）の1bp（ベーシスポイント），たとえば2.00％から2.01％へ上昇すると，債券価格は10bp，つまり0.1％の下落となることを意味する。

## 2.3　デュレーションの特徴

デュレーションの特徴を整理すると以下のとおりである。
① 　クーポン・レートが一定であれば，債券のデュレーションは残存期間が長ければ長くなる。

② 残存期限が一定であればクーポン・レートが低いほうが長くなる。
③ 他が一定であれば利回りが低いほどデュレーションは長くなる。
④ 割引債は満期と同一であるが，利付き債は満期に対して逓減傾向となる。

## 2.4 コンベクシティー

いま $h$ を基準点 $r$ の近傍値としてテイラー展開の2次導関数まで拡大すれば
$S(r+h)=S(r)+S'(r)h+\frac{1}{2}S''(r)h^2$ が成立する。

そこで $S(r+h)-S(r)=dS$, $h=dr$ であるので以下の関係式を得る。

$$\frac{dS}{S}=-D_{mod}\times dr+\frac{1}{2}C_\nu(dr)^2 \qquad (6.10)$$

（6.10）の $C_\nu$ がコンベクシティー（convexity）で，以下の式で表される。

$$C_\nu=\frac{\frac{d^2S}{(dr)^2}}{S}=\frac{1}{(1+r)^2}\left[\frac{\sum_{t=1}^{T}\frac{t(t+1)C}{(1+r)^t}+\frac{T(T+1)B}{(1+r)^T}}{S}\right] \qquad (6.11)$$

（6.10）はイールド $r$ が一定であれば1次導関数の価格変化に対して $C_\nu$ は常にプラス要因として作用する。

## 2.5 イミュニゼーション

保有する債券または債券ポートフォリオの価値が投資期間中の金利変動を回避する方法をイミュニゼーション（immunization）という。たとえば，2年後の返済1億（金利：返済額の2％）の準備のために債券AとBと購入してイミュニュナイズさせる。債券Aと債券Bのデュレーションを（加重）平均して

---

3) なお，返済期日前の満期の債券Bはその資金（利息を含め）を別途，再投資することが必要である。

Benninga, S. [2000] *Financial Modeling*, MIT.（ファイナンシャル・モデリング研究会訳［2005］『ファイナンシャル・モデリング』清文社，p.449.）

青沼君明，岩城秀樹［2002］『Excelで学ぶファイナンス3　債券・金利・為替』金融財政事情研究会，pp.61-62.

第2部　ファンダメンタルズと投資心理（Fundametals & Investment Psychology）

返済期日と同一にすればよい。この簡単な事例は［図表６.４］で示されている[3]。

[図表６.４]　イミュニゼーションの事例

| 返済利回り | 2.00% | |
|---|---|---|
| 返済期日 | 2 | |
| 返済額 | 100,000,000 | |
| 現在価値 | 96,116,880 | ≪NPV≫ |
| | 債券A | 債券B |
| クーポンレート | 2.00% | 2.00% |
| 満期 | 3 | 1 |
| 額面価額 | 100 | 100 |
| 債券価格 | 100.00 | 100.00 |
| 市場価値100に相当する額面価額 | 100.00 | 100.00 |
| デュレーション | 2.942 | 1.000 |
| ≪DURATION(DATE(2000.1.1),DATE(2003.1.1),2%,2%,1)≫ | | |
| 比率 | 0.515 | 0.485 |
| 投資金額 | 49,504,952 | 46,611,929 |

## 3　金利の期間構造

　イールドの将来の変化に関する理論を金利の期間構造（term structure of interest rate）という。まず代表的な純粋期待仮説（pure expectation hypothesis）から説明する。まず３年後償還の利付債券を考える。

$$S = \frac{C}{(1+{_0r_1})} + \frac{C}{(1+{_0r_1})(1+{_1r_2})} + \frac{C+B}{(1+{_0r_1})(1+{_1r_2})(1+{_2r_3})} \quad (6.12)$$

　${_1r_2}$：１年目から２年目の間の利子率（確率変数）

　そこで現存する満期が１年間の割引債の利回りをスポット・レート${_0r_1}$として，同様に満期が２年間の利回りを${_1r_2}$とすると純粋期待仮説では１年から２年目の利回りをフォワード・レートとして${_1f_2}$とすれば，以下の式が成立する。

$$(1+{_0r_2})^2 = (1+{_0r_1})(1+{_1f_2}) \quad (6.13)$$

$$_1f_2 = {_1r_2}$$

　上記式の含意は金利市場の自由性を前提に裁定取引により長期金利は短期金利の幾何学的平均になるとの仮説である。すなわち2年定期預金と1年定期を2年間行う成果は無差別であるから $_1f_2$ は $_1r_2$ に等しいというリスク中立的な考え方を基礎としている。同様に，$_2r_3$ については

$$(1 + {_0r_3})^2 = (1 + {_0r_2})(1 + {_2f_3}) \quad (6.14)$$

$$_2f_3 = {_2r_3}$$

となる。

　一般式に直すと，以下のとおりである。

$$_if_{i+j} = {_ir_{i+j}} \quad (6.15)$$

　純粋期待仮説に立脚して，債券の残存期間とイールドの関係を表す［図表6.5］のようにイールド・カーブ（yield curve）は右上がり曲線（順イールド），逆に低くなるとの予測（短期金利が長期金利より高い状況）は $b$ のように右下がり曲線（逆イールド）という。また $_0r_1$ がフォワード・レートに等しいときは $c$ のように水平となる（フラット）。

[図表6.5] イールド・カーブ

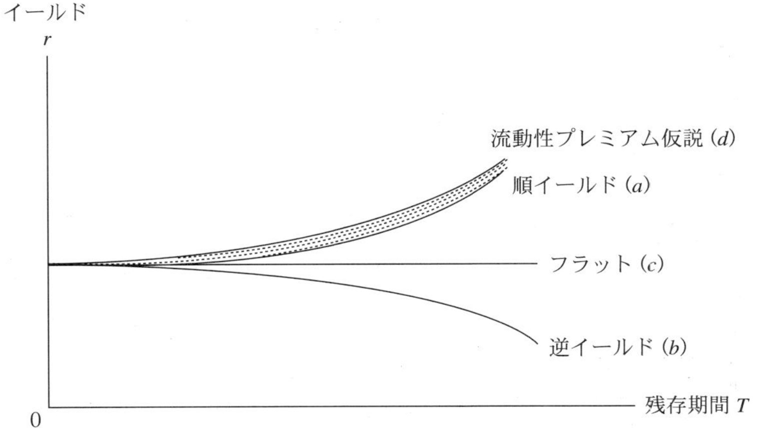

　この他にもリスク・プレミアム仮説（risk premium hypothesis）がある。同仮説はリスク回避な投資家は長期債は短期債より流動性が低いから，その分の高

第2部　ファンダメンタルズと投資心理（Fundametals & Investment Psychology）

いリスク・プレミアムを要求する。このように金利の期間構造をリスク・プレミアムから説明する。流動性プレミアム仮説（liquidity premium hypothesis）ともいう。この仮説をモデル化すれば，以下のとおりである。

$$(1+{}_0r_2)^2 = (1+{}_0r_1)(1+{}_1r_2+L) \qquad (6.16)$$

　$L$：流動性プレミアム

さらに市場分断説（market segmentation hypothesis）は，金利は債券の需給で決まり，期間には余り影響を受けないという主張である。

# 4　モーゲージ証券（MBS）

## 4.1　MBSのキャッシュ・フロー

固定金利のクーポンと確定した償還期日のプールされたモーゲージ担保債券（mortgage backed securities：MBS）を買うと投資家のキャッシュ・フローの計算は［図表6.6］で，元本と利息分のキャッシュ・フローは［図表6.7］で示したとおりとなる[4]。

［図表6.6］　MBSのキャッシュ・フローの計算

| | C8 | | fx | =-PMT($D$3,$D$4+1-A8,B8) | | | | |
|---|---|---|---|---|---|---|---|---|
| | A | B | C | D | E | F | G | H |
| 1 | MBS | | | | | | | |
| 2 | プールした元本 | | | 100,000,000 | | | | |
| 3 | クーポンレート | | | 10.00% | | | | |
| 4 | 返済期限（年） | | | 10 | | | | |
| 5 | 期限前返済率 | | | 0.00% | | | | |
| 6 | | | | | | | | |
| 7 | 期間 | 期初プール残高 | 予定総受取額 | 予定元金償却額 | 期限前受取払額 | 受取り利息(F) | 期末プール残高 | 受取り総額 |
| 8 | 1 | 100,000,000 | 16,274,539 | 6,274,539 | 0 | 10,000,000 | 93,725,461 | 16,274,539 |
| 9 | 2 | 93,725,461 | 16,274,539 | 6,901,993 | 0 | 9,372,546 | 86,823,467 | 16,274,539 |
| 10 | 3 | 86,823,467 | 16,274,539 | 7,592,193 | 0 | 8,682,347 | 79,231,274 | 16,274,539 |
| 11 | 4 | 79,231,274 | 16,274,539 | 8,351,412 | 0 | 7,923,127 | 70,879,862 | 16,274,539 |
| 12 | 5 | 70,879,862 | 16,274,539 | 9,186,553 | 0 | 7,087,986 | 61,693,309 | 16,274,539 |
| 13 | 6 | 61,693,309 | 16,274,539 | 10,105,209 | 0 | 6,169,331 | 51,588,100 | 16,274,539 |
| 14 | 7 | 51,588,100 | 16,274,539 | 11,115,729 | 0 | 5,158,810 | 40,472,371 | 16,274,539 |
| 15 | 8 | 40,472,371 | 16,274,539 | 12,227,302 | 0 | 4,047,237 | 28,245,069 | 16,274,539 |
| 16 | 9 | 28,245,069 | 16,274,539 | 13,450,033 | 0 | 2,824,507 | 14,795,036 | 16,274,539 |
| 17 | 10 | 14,795,036 | 16,274,539 | 14,795,036 | 0 | 1,479,504 | 0 | 16,274,539 |
| 18 | | | 《-PMT》 | 《-PPMT》 | | 《-IPMT》 | | |

第6章 債　　券

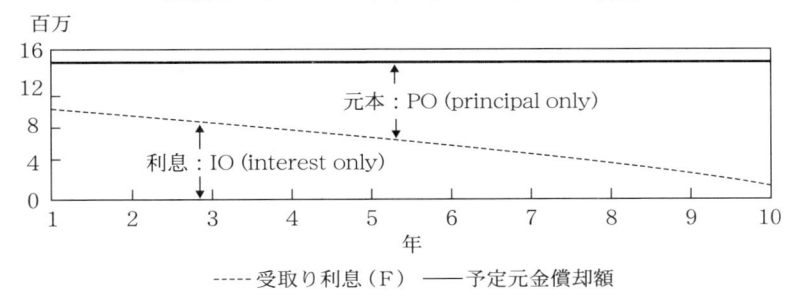

［図表6.7］　ＭＢＳのキャッシュ・フローの分解

元本：PO (principal only)
利息：IO (interest only)

----- 受取り利息（F）　——— 予定元金償却額

## 4.2　ＭＢＳのリスク

　ＭＢＳはパススルーなので債務不履行リスクや元利支払い不履行リスク等のデフォルト・リスクが生じる。それによる追加モーゲージをプールする必要がある。そこで金利の動向による期限前返済も認め，固定金利で発行できる債券が開発された。これがモーゲージ・ペイスルー債券（mortgage pay-through bond：MPTB）である。同証券のデフォルト・リスクは保証機関や格付けにより回避する手段があるが，期限前返済率が投資にとって大きな影響を及ぼす可能性がある。こうした債券は一般に発行者に繰り上げ償還できるコール・オプションが付与されたコーラブル・ボンド（callable bond）と呼ばれている。逆に投資家はプット・オプションを売ったことになる。いま期限前返済率が各年10％，20％，30％を想定した場合のキャッシュ・フローは［図表6.8］で示したように投資家とっては長期的投資計画が難しくなる。

---

4）　関数ウィザードのＰＭＴは一定利子率の支払いが定期的に行われる場合，ローンの定期支払額を計算する。（http://webs.twsu.edu/longhofer/Old_Courses/RE 611%20－%202000%20Spring/re611.htm）

第2部　ファンダメンタルズと投資心理（Fundametals & Investment Psychology）

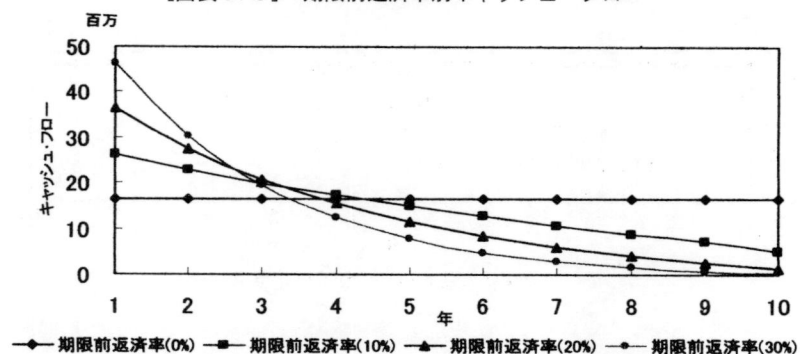

[図表6.8]　期限前返済率別キャッシュ・フロー

── 期限前返済率(0%)　── 期限前返済率(10%)　── 期限前返済率(20%)　── 期限前返済率(30%)

そこで米国公社債協会（Public Securities Association：ＰＳＡ）は作成した期限前返済モデルを作ることにより，投資しやすい環境を整備するに至った。[図表6.9] において，ＴＡＣ (targeted amortization classes) モデルとしてＰＳＡ100％とＰＳＡ200％を表示している[5]。

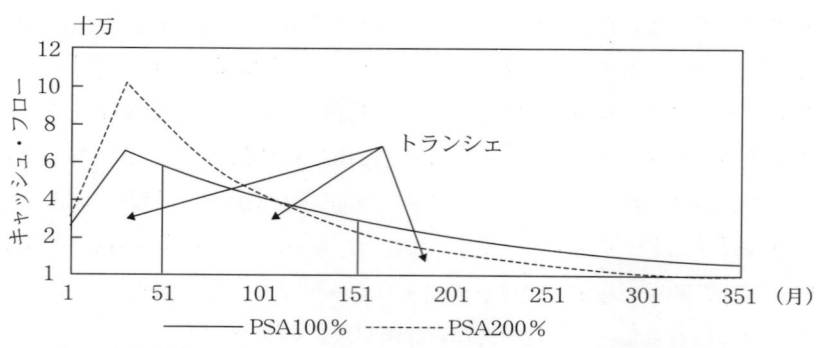

[図表6.9]　ＰＳＡのＴＡＣ

── PSA100%　------ PSA200%

プールした元本100百万，クーポンレート（月）0.1％，返済期限（月）360か月

---

5)　ＰＳＡ100％は期限前返済率が初年月0.2％（年率）で30か月まで0.2％増加し，30か月で0.5％，年6％に達して後，期限まで毎月0.5％とする。ＰＳＡ200％は期限前返済率が初年月0.4％（年率）で30か月まで0.4％増加し，30か月で1％，年12％に達して後，期限まで毎月1％とする。(Lowell, L. [1995] "Chap., 2:Mortgage Pass-Through Securities," (in Fabozzi, F. J. ed. *The Hnadbook of Mortgage-backed Securities,* McGraw-Hill, pp.25－50.)

## 4.3 CMO

　その後，リスク回避するために，そこでプールしたモーゲージをクラスに分ける方法，すなわちトランシェするという工夫がなされた。これがモーゲージ証券担保債務証書（collateralized mortgage obligation：ＣＭＯ）である。同証券はたとえば［図表６－８］のようにＰＯストリップ（principal only strip）債とＩＯストリップ（interest only strip）債にトランシェする方法や［図表6.9］のようにＰＡＣモデルから短期債券，中期債券，長期債券にトランシェする方法が開発された。

第2部　ファンダメンタルズと投資心理（Fundametals & Investment Psychology）

# 第7章　確率過程

## 1　確率過程としての株価

株価を確率過程として表す方法はフランスのバシェリエ（Bachelier, L）が嚆矢に発展したものである[1]。以下，株価を確率変数（stochastic variable, random variable）と捉えて確率過程（stochastic process）として整理する[2]。

### 1.1　ランダム・ウォーク

いま確率変数 $X_t(t \in [0, T])$ として，$\{S_t\}$（期初 $S_0$ として）は

$$S_t = S_0 + \sum_{i=1}^{t} X_t \tag{7.1}$$

$$X_t \begin{cases} 1 & 確率 p \\ -1 & 確率 q = 1-p \end{cases}$$

$$X_t : i.i.d. \sim N(0, \sigma^2)$$

と仮定しよう。

確率変数が独立でかつ同一の分布のとき確率過程（確率変数の列 $X_t$）$S_t$ はラ

---

[1] Davis, M., Etheridge, A. [2006] *Louis Bachelier's, Theory of Specualtion-The orgin of Modern Finance*, Princeton University Press. (inclusive original "*Théorie de la Spéculation.*")
[2] Neftci. S. N. [2000] *ibid.*, （同訳書，pp. 166−174, pp. 250−261.）
小暮厚之 [1996]『ファイナンスへの計量分析』朝倉書店.
森村英典，木島正明 [1991]『ファイナンスのための確率過程』日科技連.

ンダム・ウォークという。より厳密にいえば単純対称ランダム・ウォークである。

上記式は

$$S_t = S_{t-1} + X_t = S_0 + X_1 + X_2 + \cdots + X_t \tag{7.2}$$

でもある。

$S_t$ のサンプルパス（$p=0.8$）は［図表7．1］で示されている。この極限での確率過程はブラウン運動（ウィナー過程）である。

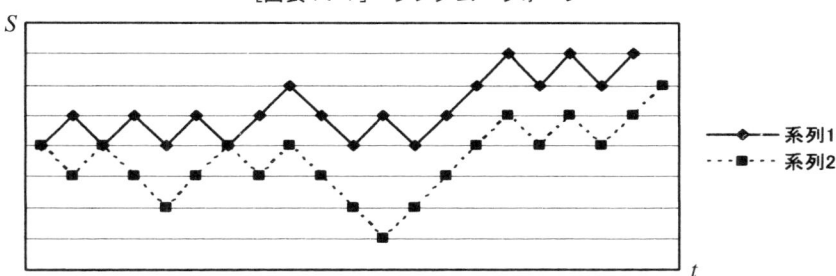

[図表7．1] ランダム・ウォーク

## 1．2　2項モデル

いま次のような確率過程を考える。

$$S_t = S_0 \prod_{i=1}^{t} X_i = S_0 (X_1 \times X_2 \times X_3 \times \cdots \times X_t) \tag{7.3}$$

同様に相互に独立な確率変数 $X_t$（$t=1,2,\cdots\cdots$）について $u$ に上昇する確率を $p$、また $d$ に下落する確率を $q=p-1$ とすれば、$S_1$ と $S_2$ が辿る過程は2項ツリーと同じである。

$$X_t \begin{cases} u & 確率 p \\ d & 確率 q = 1-p \end{cases}$$

このとき株価の2項ツリーは［図表7．2］のような乗法確率過程として表すことができる。

第2部 ファンダメンタルズと投資心理 (Fundametals & Investment Psychology)

[図表7.2] 株価の2項ツリー

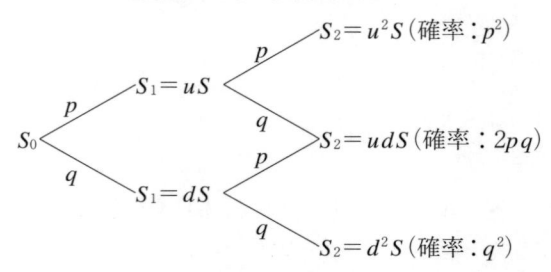

```
                    p      S₂=u²S (確率：p²)
         S₁=uS  <
      p          q
S₀  <            p  S₂=udS (確率：2pq)
      q  S₁=dS  <
                    q  S₂=d²S (確率：q²)
```

そこで上昇する回数を $n=1$ とすれば，$S_2$ の確率分布は

$$Pr[S_2 = S_0 u^1 d^{2-1}] = {}_2C_1 p^1 q^{(2-1)} \tag{7.4}$$

ただし ${}_2C_1 = \dfrac{2!}{1!(2-1)!} = 2$ （$2! = \prod_{i=1}^{2} i = 1 \times 2$）

である。

同様に $T$ 期のうち $u$（上昇）が $n$ であれば，$d$（下落）は残りの $T-n$ になるので

$$Pr[S_t = S_0 u^n d^{(T-n)}] = {}_T C_n p^n q^{(T-n)} \quad (n = 0, 1 \cdots, T) \tag{7.5}$$

となる。

右辺は2項分布 $B(n|T,p)$ に従う。

これを前提としたモデルを2項モデル（binomial model）といい，$S_t$ のサンプルパスは［図表7.3］で示される。なお，2項モデルは $\log \dfrac{S_t}{S_0}$ とすればランダム・ウォークとして表現できる。

[図表7.3] 2項分布

## 1.3 ブラウン運動

いま別の確率変数 $\{B_t\}$（$X_t$の代わりに）について，微小の時間の変化 $\Delta t$（$>0$）に対する$B_t$の増加分を

$$\Delta B_t = B_{t+\Delta t} - B_t \tag{7.6}$$

とする。この確率変数 $\{B_t\}$ が以下の運動をするものとする。

① $B_0 = 0$ から出発する。

② $B_t$ は定常な独立増分を持つ。（$t \leq s$）

$\Delta B_t, \Delta B_s$ は互いに独立であり，同じ確率分布である。

③ $B_t$ は時間$t$に関して連続である。

④ 増分$\Delta B_t$は$N(0, \Delta t)$である。

よって$B_{n\Delta t}$は$N(0, t)$となる。

こうした確率変数$B_t$を標準ブラウン運動（standard brownian motion）といい[3]，そのサンプルパスは［図表7.4］で示されている。

---

3) ブラウン運動 $B_t$ はウィーナー過程（Winner's process）$W_t$ とも呼ばれている。

第2部　ファンダメンタルズと投資心理（Fundametals & Investment Psychology）

[図表7.4]　標準ブラウン運動

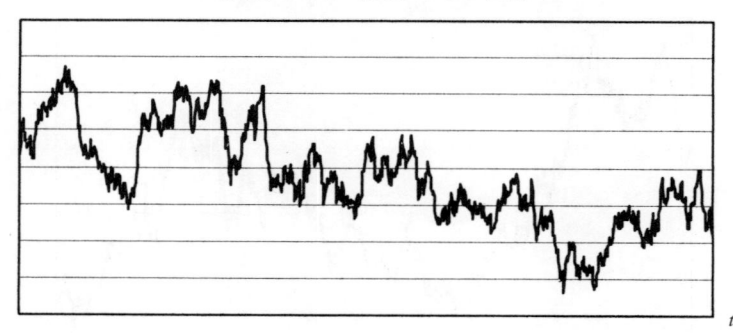

そこで$B_t$を持った確率変数$\{S_t\}$は以下のようになる。

$$S_t = S_0 + \mu t + \sigma B_t \quad t \geq 0 \quad |S_t - S_0| \sim N(\mu t, \sigma^2 t) \quad (7.7)$$

上記式の確率変数$S_t$を算術ブラウン運動（arithmetic brownian motion）という。$\mu t$はドリフト（drift）項，$\sigma B_t$は拡散（diffusion）項という。

そして$\Delta t \to 0$とすれば確率微分方程式（stochastic differential equations：SDE）として表すことができる。

$$dS_t = \mu dt + \sigma dB_t \quad (7.8)$$

そのサンプルパスは［図表7.5］のようになる。

[図表7.5]　算術ブラウン運動

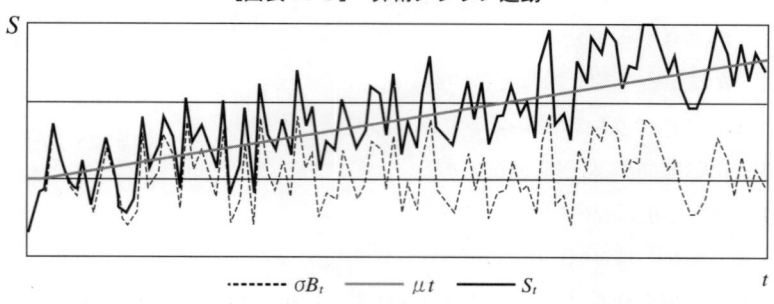

さらに確率変数$S_t$がドリフト項と拡散項にも依存していると仮定すれば，$S_t$が高くなるにつれて変動が大きくなる。厳密な展開は第13章のB－Sモデルに譲ることにして，ここでは結論のみ紹介する。

$$dS_t = \mu S_t dt + \sigma S_t dB_t \quad \left\{\log \frac{S_t}{S_0}\right\} \sim N\left((\mu - \frac{\sigma^2}{2})t,\ \sigma^2 t\right) \quad (7.9)$$

(7.9)を幾何ブラウン運動（geometric brownian motion）という。$S_t$のサンプルパスは［図表7.6］で示されている。

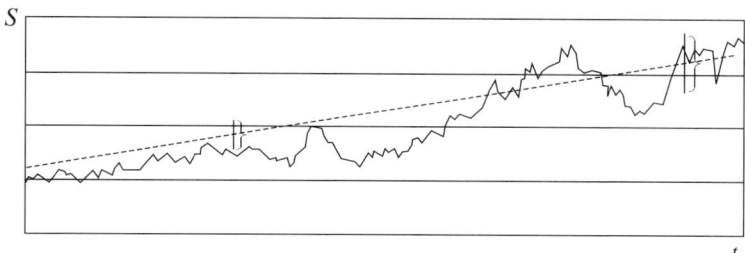

［図表7.6］　幾何ブラウン運動

## 1.4　マルコフ過程

ランダム・ウォークでは$S_t = S_0 + \sum_{i=1}^{t} X_i$がいま相互に独立である確率変数$X_i$（$= 1, 2, \cdots\cdots$）の履歴の集積であるとの前提である。

この条件を弱めて$X_t$は直前の$X_{t-1}$期のみに依存すると仮定したものがマルコフ連鎖（markov chain）である[4]。

$$P_{jk}^t = Pr[X_t = k \mid X_{t-1} = j] \quad (7.10)$$

（7.10）は時点$t$で状態$j$から状態$k$への1ステップ推移確率（transition probability）と呼ばれている。このとき時刻には依存しないのでマルコフ連鎖$X_t$は斉時的であるという。

$t$期$X_t$において前期の確率変数$X_{t-1}$が$s_1$の場合，$t$期$X_t$が$s_1$になる確率$p_{11}$，また$X_t$が$s_2$になる確率$p_{12}$とすれば

$Pr[X_t = s_1 \mid X_{t-1} = s_1] = p_{11}$

$Pr[X_t = s_2 \mid X_{t-1} = s_1] = p_{12}$

---

[4]　森村英典，高橋幸雄［1979］『マルコフ解析』日科技連．

第2部 ファンダメンタルズと投資心理（Fundametals & Investment Psychology）

となる。

同様に前期 $X_{t-1}$ が $s_2$ の場合，$t$ 期 $X_t$ が $s_1$ になる確率 $p_{21}$，また $X_t$ が $s_2$ になる確率 $p_{22}$ とすると

$$Pr[X_t = s_1 | X_{t-1} = s_2] = p_{21}$$
$$Pr[X_t = s_2 | X_{t-1} = s_2] = p_{22}$$

となる。

以上のことを具体的な事例で確認しよう。

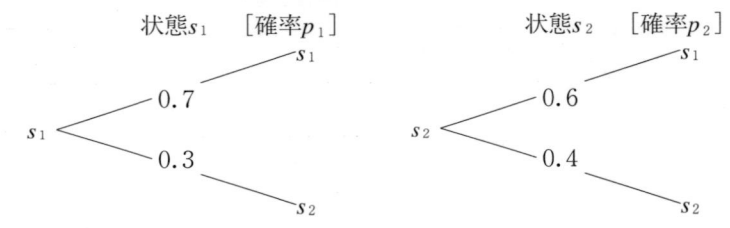

状態 $s_1$　［確率 $p_1$］　　　　　　状態 $s_2$　［確率 $p_2$］

$s_1$ ＜ 0.7 → $s_1$ ／ 0.3 → $s_2$　　　　$s_2$ ＜ 0.6 → $s_1$ ／ 0.4 → $s_2$

このとき推移確率行列 $\boldsymbol{P}$ を用いると

$$\boldsymbol{P} = \begin{bmatrix} p_{11} & p_{12} \\ p_{21} & p_{22} \end{bmatrix} = \begin{bmatrix} 0.7 & 0.3 \\ 0.6 & 0.4 \end{bmatrix}$$

となる。

よって第2ステップ確率推移行列は以下のとおりである。

$$\begin{bmatrix} p_{11}^{(2)} & p_{12}^{(2)} \\ p_{21}^{(2)} & p_{22}^{(2)} \end{bmatrix} = \begin{bmatrix} 0.7 & 0.3 \\ 0.6 & 0.4 \end{bmatrix} \begin{bmatrix} 0.7 & 0.3 \\ 0.6 & 0.4 \end{bmatrix} = \begin{bmatrix} 0.67 & 0.33 \\ 0.66 & 0.34 \end{bmatrix}$$

そして $m$ ステップの各要素は以下のように定式化できる。

$$P_{jk}^{(m)} = \sum_{i=1}^{m} P_{ji} P_{ik} \tag{7.11}$$

# 第7章 確率過程

## 2 確率過程としての債券

### 2.1 債券の評価式

割引債 $S_t$（$t\in[t,T]$）で額面価格1が与えられている場合，金利を $r$ とすれば，（6.3）の別記として

スポット・レートが一定の場合
$$S_t = e^{-r(T-t)} = \exp[-r(T-t)] \tag{7.12}$$

スポット・レートが確率的に変動する場合

金利が期間に応じて異なることから $r(s)$（$s\in[t,T]$）として
$$S_t = e^{-\int_t^T r(s)ds} = \exp\left[-\int_t^T r(s)ds\right] \tag{7.13}$$

とそれぞれ定式化できる。

### 2.2 イールド・カーブ・モデル

短期変動確率金利については株式と同様に瞬間的なドリフト $\alpha(r)$ と拡散 $\beta(r)$ 項からなるイールド・カーブ（yield curve）モデルで表記できる。以下，代表的なシングル・ファクター・モデルを紹介する[5]。

$$dr = \alpha(r)dt + \beta(r)dz \tag{7.14}$$

$dz$：ブラウン運動

① レンドルマン-バルト（Rendleman, R. Barte, B.）モデル
$$\alpha(r) = \mu r, \ \beta(r) = \sigma r \tag{7.15}$$

株式と同様に幾何ブラウン運動をする。

---

5） Hull, J.C. [1989] *Option, Futures, and Other Derivative*, Prentice-Hall.（東京三菱銀行商品開発部訳 [1998]『フィナンシャル・エンジニアリング（第3版）』きんざい，pp. 581-600.）
　 Neftci, S.N. [2000] *ibid.*,（同訳書，pp. 420-429.）

第 2 部　ファンダメンタルズと投資心理（Fundametals & Investment Psychology）

②　ヴァシチェク（Vasicek, O. A.）モデル

$$\alpha(r)=a(b-r),\ \beta(r)=\sigma \tag{7.16}$$

$r$ は一定率により平均回帰性を持つ。

③　Ｃ Ｉ Ｒ（Cox. J. C., Ingersoll, J. E., Ross, S. A.）モデル

$$\alpha(r)=a(b-r),\ \beta(r)=\sigma\sqrt{r} \tag{7.17}$$

ドリフト項は②のモデルと拡散項は①のモデルを結合させている。

なお，金利の期間構造に対してフォーワード・レートを中心としたＨＪＭ（Heath, D., Jarrow, R., Merton, A.）モデルがあり，これはマルチ・ファクター・モデルで構築されている。

## 2.3　格付けの推移確率

投資をする際，社債の格付け（rating）（元本返済の安全性が最も高いＡから元本返済不能（＝デフォルト）のＤ）が重要な役割をする[6]。そこで実際の格付機関が行った格付け変化はマルコフ過程によるシミュレーションで［図表 7.7］の推移行列（推移確率）で確認できる[7]。一度，デフォルトＤになると動くことのない吸収状態（absorbing state）になる[8]。

---

6)　実際は各格付けにはそれぞれＡＡＡ，ＡＡ，Ａ，さらに＋とーまたはＡＡ１，ＡＡ２のように細分化されている。これらのランクをノッチ（notch）という。ＢＢ以下は非投資適格（non investment grade）である。

7)　Crouhy, M., Galai, D., Mark, R. K. [2001] *Risk Management*, McGrow-Hill.（三浦良造代表訳 [2004]『リスクマネジメント』共立出版，pp. 219－299.）

8)　［図表 7.7］の10期間はExcelのＶＢＡ（visual basic for application）関数でユーザー定義関数を用いると便利である。（Benninga, S. [2000] *ibid.*,（同訳書，p. 473.））

第7章　確率過程

[図表7.7]　確率推移のシミュレーション

| | A | B | C | D | E | F | G | H | I | J | K |
|---|---|---|---|---|---|---|---|---|---|---|---|
| | H4 | | | fx | {=MMULT(B4:E7,B4:E7)} | | | | | | |
| 1 | 格付け推移行列 | | | | | | | | | | |
| 2 | | 1期間推移行列 | | | | | | 2期間推移行列 | | | |
| 3 | | A | B | C | D | | | A | B | C | D |
| 4 | A | 0.9400 | 0.0400 | 0.0200 | 0.0000 | | A | 0.8844 | 0.0400 | 0.0756 | 0.0000 |
| 5 | B | 0.0200 | 0.9400 | 0.0400 | 0.0000 | | B | 0.0200 | 0.9400 | 0.0400 | 0.0000 |
| 6 | C | 0.0000 | 0.0500 | 0.9200 | 0.0300 | | C | 0.0000 | 0.0500 | 0.9200 | 0.0300 |
| 7 | D | 0.0000 | 0.0000 | 0.0000 | 1.0000 | | D | 0.0000 | 0.0000 | 0.0000 | 1.0000 |
| 8 | | | | | | | | | | | |
| 9 | | 3期間推移行列 | | | | | | 10期間推移行列 | | t= | 10 |
| 10 | | A | B | C | D | | | A | B | C | D |
| 11 | A | 0.8321 | 0.0762 | 0.0911 | 0.0006 | | A | 0.5624 | 0.2642 | 0.1505 | 0.0229 |
| 12 | B | 0.0365 | 0.8864 | 0.0759 | 0.0012 | | B | 0.1189 | 0.6150 | 0.2273 | 0.0387 |
| 13 | C | 0.0010 | 0.0930 | 0.8484 | 0.0576 | | C | 0.0263 | 0.2710 | 0.4856 | 0.2171 |
| 14 | D | 0.0000 | 0.0000 | 0.0000 | 1.0000 | | D | 0.0000 | 0.0000 | 0.0000 | 1.0000 |
| 15 | | | | | | | | | | | |

## 3　確率過程のシミュレーション

### 3.1　株価の幾何ブラウン運動

[図表7.8]は幾何ブラウン運動のExcelによるシミュレーション(simulation)の結果を示した。分析ツールの「乱数発生」を用いるのだが，各回のパス(path)が異なるので，サンプリング・ミスを回避するためにはモンテ・カルロ・シミュレーション (monte carlo simulation) が利用される[9]。

---

9) 代表的な方法として単位区間において一様に分布した数列，たとえばフォーレ列 (Fauré sequence) を利用した擬似乱数 (low-discrepancy) と負の相関性を持つ組から行う負相関法 (antithetic sampling) がある。(Jäckel, P. [2002] *Monte Carlo Method in Finance,* John Wiley & Sons.)

第2部　ファンダメンタルズと投資心理（Fundametals & Investment Psychology）

[図表7.8]　幾何ブラウン運動のシミュレーション

| | A | B | C | D | E | F | G | H | I |
|---|---|---|---|---|---|---|---|---|---|
| 1 | 幾何ブラウンモデル | | | | | | | | |
| 2 | | | $\frac{\Delta S}{S} = \mu \Delta t + \sigma \varepsilon \sqrt{\Delta t}$ | $\Rightarrow \frac{\Delta S}{S} = 0.1\Delta t + 0.2\varepsilon\sqrt{\Delta t}$ | | $\Rightarrow \Delta S = 10(0.00192 + 0.027713\varepsilon)$ | | | |
| 3 | | | | | | | | | |
| 4 | $S_{t+1} = S_t + \Delta S = S_t + 10(0.00192 + 0.027713\varepsilon)$ | | | | | | | | |
| 5 | | | So | 10 | | | | | |
| 6 | | | μ | 0.1 | | $0.1\Delta t =$ | 0.00192 | | |
| 7 | | | σ | 0.2 | | $0.2\sqrt{\Delta t} =$ | 0.027713 | | |
| 8 | | | Δt | 0.0192 | | | | | |
| 9 | $St$ | $\varepsilon \to N(0,1)$ | $\Delta St$ | | | | | | |
| 10 | 10 | | | | | | | | |
| 11 | 10.496894 | 1.100193003 | 0.496894 | | | | | | |
| 12 | 10.590998 | -0.35325229 | 0.094104 | | | | | | |
| 13 | 10.833014 | 0.180478992 | 0.242016 | | | | | | |
| 14 | 10.557077 | -1.68852239 | -0.275937 | | | | | | |
| 15 | 10.498417 | -0.90449248 | -0.05866 | | | | | | |
| 16 | 11.308879 | 2.231681719 | 0.810462 | | | | | | |
| 17 | 11.683029 | 0.657278179 | 0.37415 | | | | | | |
| 18 | 11.21194 | -2.39271685 | -0.471089 | | | | | | |
| 19 | 11.925658 | 1.882590368 | 0.713719 | | | | | | |
| 20 | 11.923901 | -0.69916268 | -0.001758 | | | | | | |
| 21 | 11.884008 | -0.83676923 | -0.039892 | | | | | | |

## 3.2　ヴァシチェク・モデル

ここではヴァシチェク（Vasicek.O.A.）モデルのシミュレーションの結果は［図表7.9］で示されている。（7.16）の金利 $r$ は $a$ の比率で $b$ に接近するような平均回帰過程が組み込まれているのが特徴である。

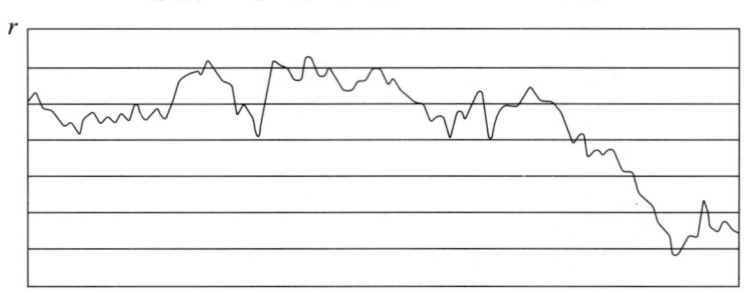

[図表7.9]　Vasicek モデルのシミュレーション

# 第8章 投 資 心 理

## 1 行動ファイナンスの位置づけ

### 1.1 背　　景

　これまでのファンダメンタルズのモデルは合理的期待均衡（rational expectations equilibrium：ＲＥＥ）である。これはサベージ（Savage, L. J.）の主観的期待効用（subjective expected utility）の意味において，規範的に許容できる選択をすることを意味する。

　一方，蓋然的にはケインズ（Keynes, J. M.）の一般理論において投資に関する美人投票論（beauty contest）の考え方が対峙的であった。すなわちファンダメンタルズへの反論の根拠として投資心理（investment psychology）が重要であると主張する。さらにシラーの実証研究を嚆矢にして，市場効率性が現実の証券市場では適合できないとの考え方をより鮮明にした。こうして行動ファイナンス（behavior finance）が誕生した。そのアプローチとしては①ファンド（fund）とノイズ・トレーダー（noise trader）を出現[1]させて，情報の非対称性を前提としたプライシング・モデル，②サイモン（Simon, H. A.）が主張する投資家の限定合理性（bounded rationality），さらに具体的概念としての認知限界の前提下で構築された記述モデル，がある。

---

[1]　心理や流動性からファンダメンタルとは関係ない動機で投資の誘因を持つトレーダーである。（Black, F. [1986] "Noise" *Journal of Finance 41*, pp. 529－543.）

第2部 ファンダメンタルズと投資心理 (Fundametals & Investment Psychology)

## 1.2 相互批判と融合

効率的市場仮説を前提とした，いわゆる伝統的なファイナンスと行動ファイナンスとの間の相互批判について，ハーシュライファー (Hirshleifer, D.) に沿って一覧表にまとめた内容が［図表8.1］である[2]。

**［図表8.1］ 2つのアプローチの相互批判**

| 心理的アプローチへの批判 | 完全合理性アプローチへの批判 |
| --- | --- |
| ① 心理的バイアスは恣意的である。 | ① ファイナンス理論の合理性は計算に不可能な力を要求する。 |
| ② 心理的バイアスを引き起こす実験には意味がない。 | ② 我々が所有する証拠は合理的行動を支持しない。 |
| ③ 心理的バイアスを用いた理論は事後的に適合させるための理論である。 | ③ ファクター構造や市場の不完全性を用いた理論は事後的に適合させるための理論である。 |
| ④ 合理的投資家はミスプライシングには裁定取引をすべきである。 | ④ 非合理的投資家は効率的プライシングには裁定取引をすべきである。 |
| ⑤ 合理的投資家はより良い意思決定ができ，より豊かになる。 | ⑤ 非合理的投資家はリスクを負担し，より豊かになる。 |
| ⑥ 混乱した投資家は良い決定の方法を学ぶことになる。 | ⑥ 厳格な投資家は悪い決定の方法を学ぶことになる。 |
| ⑦ 明確なリターン予測性は疑わしく，心理モデルの予測性はミスリードする。 | ⑦ 明確なリターン予測性は疑わしく，合理的モデルの予測性はミスリードする。 |

出所：Hrishleifer, D. [2001] p. 1535.

このように相互批判もあるが，逆に融合の動きもある。たとえばファンダメンタルズと心理モデルを合わせてプライシングも開発されている。さらに投資家の区分としてファンダメンタルズと当然持つべき人間の心理を含めスマート・インベスター (smart investor) という概念もある[3]。これを用いた一例がキャンプベル-カイル (Campbell, J. Y., Kyle, A.) のプライシング・モデル

---

2) Hrishleifer, D. [2001] "Investor Psychology and Asset Pricing," *Journal of Finance 56*, pp. 1533−1597.
加藤英明 [2003]『行動ファイナンス−理論と実証』朝倉書房, p. 176.
3) Campbell, J. Y., Kyle, A. [1993] "Smart Money, Noise Trading and Stock Price Behavior,"*Review of Economic Studies 60*, pp. 1−34.

である[4]。また代表的な行動ファイナンス派のセイラー（Thaler, R. H.）は"The End of Behavioral Finance"を唱えるなかで『今後，モデルの中に実際の世界で観察された行動ファイナンスを具体的に組み入れることが重要である』と主張している[5]。このような潮流を確認した上で以下，投資心理のモデルを中心に展開する。

## 2　プロスペクト理論

カネーマン－トゥベルスキー（Kahenman, D., Tversky, A.）は投資の効用を次のように考えた[6]。

$(x, p; y, q)$

上記において$p$の確率で$x$の結果を得る，また$q$の確率で$y$の結果を得る機会をプロスペクト（prospect）という。このプロスペクトの評価は

$$\upsilon = (x, p; y, q) = \pi(p)\upsilon(x) + \pi(q)\upsilon(y) \qquad (8.1)$$

$\upsilon(\cdot)$：評価関数（value function）　$\pi(\cdot)$：ウェイト関数（weight function）となる。

以下，(8.1) の関数について説明する。

---

4) Cambell, J. Y., Kyle, A. [1993] *ibid.,* pp. 1 −34.
5) Thaler, R. H. [1999] "The End of Behavioral Finance," *Financial Analysts Journal* 55, pp. 12−17.
6) Kahenman, D., Tversky, A. [1979] "Prospect Theroy：An Analysis of Decision under Produres," *Econometrica 47,* pp. 263−291.

第2部　ファンダメンタルズと投資心理（Fundametals & Investment Psychology）

## 2.1　評価関数

まず効用は最終的な富よりも損得に依存するから，$A$（利益，確率）を表すと心理は以下のようになる。

$A_1 = (2000, 0.5)$　　　$A_2 = (1000, 1)$　　　$A_1 < A_2$
$A_3 = (-2000, 0.5)$　　$A_4 = (-1000, 1)$　　$A_3 > A_4$

以上のように利得に対しては凹型，損失について凸型になる。言い換えれば利得についてはリスク回避型，損失についてはリスク愛好型となる。

よって，以下のような評価関数$v(\cdot)$を［図表8.2］のように描くことができる。

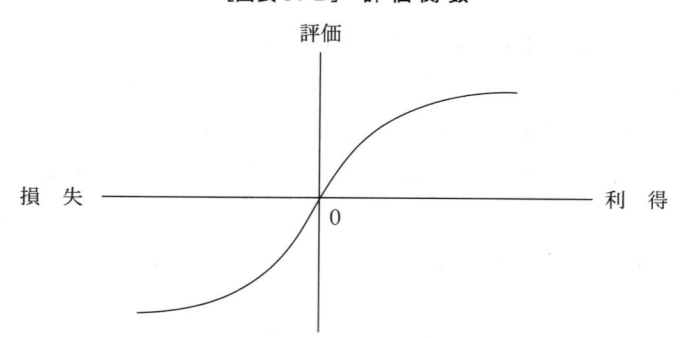

［図表8.2］　評価関数

出所：Kahenman, D., Tversky, A. [1979] p.279.

## 2.2　ウェイト関数

つぎにウェイト関数$\pi(\cdot)$の性格についてみてみよう。

彼らは低い確率のときは$p < \pi(p)$となり，高い確率のときは$p > \pi(p)$となる傾向があることを見つけた。これは起こりそうもないことに対して敏感になることから確率のウェイト関数$\pi(\cdot)$は［図表8.3］のように示すことができる。

[図表8.3] ウェイト関数

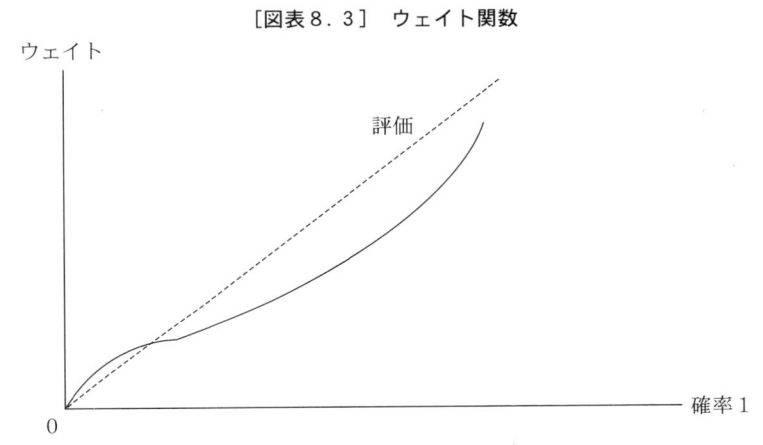

出所：Kahenman, D., Tversky, A. [1979] p.282.

# 3 ファンダメンタルズ・リスク

## 3.1 DSSWモデル

　ここではノイズ・モデル（noise model）の代表的なＤＳＳＷ（Delong, B, Shleifer., A, Summers, L., Waldmann, R.）は，oldとyoungからなる世代重複モデル（overlapping generation model）によるノイズ・モデルを構築した[7]。いま，このモデルのエッセンスはモデル構築の前提から理解することができる。前提の一部を抜き出してみよう。

① 無リスク資産 $s$ で実質配当 $r$（＝無リスク資産レート）とリスク資産 $u$ で実質配当 $D_t^u$ である。$s$ は基準化1である。一方，リスク資産 $u$ の $t$ 期の価格を $S_t^u$ とする。そして将来割引率が等しければ $s$ と $u$ は等しい（すなわち，

---

7) Delong. B., A. Shleifer, L. Summers, Waldmann. R. [1990] "Noise trader risk in Financial Markets," *Journal of Political Economy* 98, pp.703−28.
　Shleifer, A. [2000] *Inefficient Markets*, Oxford University Press.（兼広崇明[2001]『金融バブルの経済学』東洋経済新報社，pp.41−74.）

第2部　ファンダメンタルズと投資心理（Fundametals & Investment Psychology）

リスク中立型）ので $s$ と $u$ は完全代替性があるとする。

②　$t$ 期に old は代表的な合理的投資家 $n$ でリスク資産（株式）を持つことで得られるリターンの分布を正確に認識できるとする。逆に若い代表的なノイズ・トレーダー $y$ はリスク資産の期待価格を独立で同一の分布をした正規確率変数であると誤認する。

$$E_t^y(S_{t+1}^u) = E_t^n(S_{t+1}^u) + \rho_t \quad \rho_t = \rho^* + \eta_t$$

$$\eta_t : i.i.d. \sim N(0, \rho_u^2) \tag{8.2}$$

誤認された平均 $\rho^*$ はノイズトレーダーの「強気（bullishness）」の尺度を表し，ノイズ・トレーダーの信念のうち不確実性 $\eta$ は時間とは無相関である。

## 3.2　ＤＳＳＷのインプリケーション

前提①と②から均衡市場ではノイズ・トレーダーがいないのでリスク資産（株式）はリスク中立型のファンダメンタル・バリューと一致するから常にリスク資産と無リスク資産との代替性がある。

ところがノイズ・トレーダーが出現すると，リスク資産（株式）の価格は第2期のリスク資産の価格に対する彼らの $\rho$（強気か弱気）の投資に依存するからファンダメンタル・バリューに一致しない。

このことは無リスク資産がリスク資産によるファンダメンタル・バリューで評価されないことを意味する。すなわち代替性がなくなる。これをファンダメンタルズ・リスク（fundamentals risk）という。証券市場ではこうしたリスクが付きまとう。このことは証券市場ではそもそも裁定取引ができない，すなわち株価は常にファンダメンタルから乖離する特質を持つと主張できる。

# 4　裁定の制約

## 4.1　S−Vモデル

シュライファー—ヴィシュニー（Shleifer, A., Vishny, R. W.）は以下のような見解に立脚してモデル構築した[8]。

伝統的なモデルにおいては，ある証券の伝統的アービトラージ（裁定）（arbitrage）は多種多様な投資家のミスプライシングに対して小さなポジションを通して，市場の均衡化に導く。

しかし現実には裕福層，銀行，年金（endowments）の他に，個々の市場の限られた知識しか持たない投資家からの資金は専門化された知識を持つリスク・アービトラージャー（以下，アービトラージャー）により投資が行われる。このアービトラージ活動はエージェンシーのコンテクストの中では資源と知識の分離が重要なインプリケーションを持っている。そこで彼らが展開するモデルの一部分をみてみよう。

$$F_2 = F_1 - aI_1 \left(1 - \frac{S_2}{S_1}\right) \quad (8.3)$$

$S_t$：$t$ 期の株価
$F_t$：アービトラージャーは管理下の累積的な借入金を含めた $t$ 期の資源
$I_t$：アービトラージャーが $t$ 期に資産へ投資する額
$a$：過去のパフォーマンスに対する運用ファンドの感応度で高ければより敏感になる。

ただし $a \geq 1$ とする。

$\left\{I_1 \dfrac{S_2}{S_1} + (F_1 - I_1)\right\}$：ファンドの粗リターン

---

[8]　Shleifer, A., Vishny, R. W. [1995] "Limit to Arbitrage," *Journal of Fianance 52*, pp. 35−55.
　　Shleifer, A. [2000] *ibid.*,（同訳書, pp. 119−151.）

第 2 部　ファンダメンタルズと投資心理（Fundametals & Investment Psychology）

## 4.2　S－Vのインプリケーション

アービトラージャーは通常はフルインベストメント（管理資産のすべてを投資に回す）であるとして，このケースを以下のように考えた。

$S_1=S_2$であれば当然，リターンはゼロであり，ファンド運用の損得はない。

$S_1<S_2$のときファンドは利益が出る。このときは$F_2$はプラスとなり資金が集められる。

$S_1<S_2$のときファンドは損失で$F_2$は減少する。

$a=1$の場合はアービトラージャーの少しの損失でも追加資金は得られない。

$a>1$の場合はフル・インベストメントであるためパフォーマンスが非常に悪ければファンドはすぐに引き上げてしまう。

このため，アービトラージャーは価格がファンダメンタルズを下回っても裁定取引ができず，清算に追い込まれる。このように投資家のPBA（performance-based-arbitrage）はアービトラージを制約することになる。特に「極端な状況」(極端なノイズ・トレーダー・ショック（清算）が生じて，アービトラージャーは大きなショックについていけない状況）を考えると，株価は大きな下落をもたらす危険性がある。

## 5　過剰反応モデル

### 5.1　BSVモデル

バベリース－シュライファー－ヴィシュニー（Barberis, N., Shleifer, A., Vishny, R.）[1998] モデルは以下のとおり[9]。

---

9) Barberis, N., Shleifer, A., Vishny, R. [1998] "A Model of Investor Sentiment," *Journal of Fianancial Economics 49*, pp. 307－345.
　Shleifer, A. [2000] *ibid.*,（同訳書, pp. 153－203.）

$$S_t = \frac{N_t}{\delta} + y_t \boldsymbol{P} \qquad (8.4)$$

$S_t$：$t$ 期の株価
$N_t$：利益（利益は配当としてすべて支払われる）
$\delta$：割引率
$y_t$：スイッチング・レジーム（マルコフ過程）
$\boldsymbol{P}$：推移確率行列

## 5.2　BSVのインプリケーション

　BSVモデルでは平均的な投資家の心理をマルコフ過程をとる$y_t$のスイッチング・レジームの確率とスイッチング・レジームの推移確率行列 $\boldsymbol{P}$ を作り，ショック・ランダム$y_t$からシミュレーションを行う。この結果，株価が前期の収益ショックの影響を受けるから，平均回帰的傾向は＋ショックの次に－ショック，または－ショックの次の＋ショックのときに強く現れる。これを過剰反応（overreaction）という。逆に同じ収益ショック（＋＋＋または－－－）が続くと，次も継続するだろうとの観測を持つから，継続的傾向を強くするため株価は大きなショックとはならない。これを過小反応（underreaction）であるという。このように投資心理として直感的に納得のいくモデルを提唱した。

# 6　投 資 心 理

## 6.1　記述モデル

投資家の合理性を満たす条件は
① 　偏りのない情報を完全に備えている。
② 　感情による判断の歪みがない。
③ 　効用関数の安定性

第 2 部　ファンダメンタルズと投資心理（Fundametals & Investment Psychology）であるが，記述モデルではサイモンが主張する投資家の限定合理性に依拠して[10]，投資は心理が大きな影響を及ぼすとした。

## 6.2　類　型　化

具体的な投資についての心理の影響をシェフリン（Shefrin, H.）の区分に従うと，以下のとおりである[11]。

ヒューリスティック（heuristic）（無意識的の経験則で試行錯誤する過程）
① スキーマ（代表性）（skimmer：representativeness）
② 過信（overconfidence）
③ アンカーリング・保守性（anchoring・conservativeness）
④ 曖昧さへの忌避（ambiguity aversion）

フレーム依存（frame dependence）（意識的で認知的側面と感情的側面があり，意思決定を説明するために使われるフォーム）
① 損失回避－プロスペクト理論（prospect）
② メンタル勘定（mental accounting）
③ セルフ・コントロール（self-control）
④ 後悔回避（avoiding regret）
⑤ 貨幣錯覚（money illusion）
⑥ ライフ・サイクル（life cycle）

---

10) Simon, H. A. [1987] "Bounded Rationality." Eatewell, J. et al. (ed.,) *Utility and Probability,* W. W. Norton & Company.
11) Shefrin, H. [2002] *Beyond Greed and Fear,* Oxford University Press.（鈴木一功訳［2005］『行動ファイナンスと投資の心理学』東洋経済新報社.）

第8章 投資心理

## 6.3 投資心理の事例

以下，シェフリン－スタマン（Shefrin, H., Staman, M.）の投資心理の事例を紹介しておこう。

投資家が現金配当を好む理由[12]
① メンタル勘定：配当とキャピタル・ゲインの性格の違い。
② セルフ・コントロール：将来の資金をいま消費しないために，配当で消費する。
③ 後悔回避：配当金を用いて物を購入すれば，今後の株式の動向においても後悔しない。
④ ライフサイクル：年配者は配当を好む。

値上がり株は直ちに売却（disposition effect），値下がり株は所有継続する理由[13]
① プロスペクト理論：損失を忌諱する傾向を持つ。
② メンタル勘定：損失を売却するためのメンタル勘定を持つのが難しい。
③ 後悔回避：値下がり株が将来，値上がれば後悔するから売却しない。
④ セルフ・コントロール：所得税を調整するために12月まで損失は延期すべしとのコントロールが働く。

---

12) Shefrin, H., Staman, M. [1984] "Explaining Investors Preference for Cash Dividends," *Journal of Financial Economics 13*, pp. 253–282.
13) Shefrin, H., Staman, M. [1985] "The Disposition to Sell Winners too Early and Ride Loses too Long: Theory and Evidence," *Journal of Finance 40*, pp. 777–790.

# 第3部
## ポートフォリオ (Portfolio)

# 第9章　ポートフォリオ

## 1　基本公式

### 1.1　リスクとリターン

いま［図表9.1］は状況（確率的）によるA株式とB株式の投資収益率が示されている。

この証券についてリターン（平均投資収益率または期待投資収益率）とリスク（標準偏差）に分解して証券の組み合わせる考える方法をポートフォリオ（portfolio）という。これはマーコビッツ（Markowitz, H. M.）により考案されたもので $M-V$（means-variance）法とも呼ばれる[1]。

以下，リスクとリターン（risk & return）の基本公式からはじめる。

[図表9.1]　リスクとリターン

| 確率（$i=A\sim C$） | $f_{i1}$ | $f_{i2}$ | $f_{i3}$ | 期待投資収益率（リターン） | 標準偏差（リスク） |
|---|---|---|---|---|---|
| A株式投資収益率 | $\mu_{A1}$ | $\mu_{A2}$ | $\mu_{A3}$ | $\mu_A$ | $\sigma_A$ |
| B株式投資収益率 | $\mu_{B1}$ | $\mu_{B2}$ | $\mu_{B3}$ | $\mu_B$ | $\sigma_B$ |
| C株式投資収益率 | $\mu_{C1}$ | $\mu_{C2}$ | $\mu_{C3}$ | $\mu_C$ | $\sigma_C$ |

---

1) Markowitz, H. M. [1959] *Portfolio Selection : Efficient Diversification of Investments*, John Wiley & Sons.（鈴木雪夫監訳［1969］『ポートフォリオ選択論－効率的分散投資法－』東洋経済新報社.）

第3部　ポートフォリオ（Portfolio）

基本公式

（A株式の場合）

$$\mu_A(\text{平均投資収益率}) = E(\mu_A)(\text{期待投資収益率})^{2)}$$
$$= \Sigma f_{Aj} \times \mu_{Aj} \quad (\Sigma f_{Aj} = 1) \quad (9.1)$$
$$Var(\mu_A)(\text{分散：variance}) = \sigma_A^2 = \Sigma f_{Aj} \times (\mu_{Aj} - \mu_A)^2$$
$$\sqrt{Var(\mu_A)}\ (\text{標準偏差：standard variance}) = \sigma(\mu_A) = \sigma_A \quad (9.2)$$

（A株式とB株式の関係）

$$\rho_{AB}(\text{相関係数：correlation}) = \frac{\Sigma f_j(\mu_{Aj} - \mu_A)(\mu_{Bj} - \mu_B)}{\sqrt{\Sigma f_{Aj}(\mu_{Aj} - \mu_A)^2 \Sigma f_{Bj}(\mu_{Bj} - \mu_B)^2}} \quad (9.3)$$

$$Cov(A, B)(\text{共分散：covariance}) = \sigma_{AB} = \Sigma f_j(\mu_{Aj} - \mu_A)(\mu_{Bj} - \mu_B)$$
$$= \rho_{AB}\, \sigma_A\, \sigma_B \quad (9.4)$$

## 1.2　前　　提

ポートフォリオは以下の前提に立脚している。

① 投資家（ファンド・マネジャー）は期待効用の極大化を求める。
② すべての資産は無限に分割可能である。
③ 資産は空売りができない。
④ 市場には摩擦（税金・取引コスト，情報の非対称性）がない。
⑤ 1期間の投資である。

## 1.3　2証券のポートフォリオ

まずA株式，B株式のリスクとリターンとA株とB株が組入れ比率 $x_A + x_B = 1$ からなる2証券のポートフォリオの公式について説明する。

まず，ポートフォリオの期待投資収益率 $\mu_P$ と標準偏差 $\sigma_P$ は以下のように表

---

2) 期待投資収益率 $E(\mu_A)$ は $E(\tilde{\mu}_A)$ と表記する場合もある。同章ではすべて $\mu_A$ として統一する。

すことができる。

$$E(\mu_P) = x_A \mu_A + x_B \mu_B \tag{9.5}$$

$$\sigma_P^2 = (x_A \sigma_A)^2 + (x_B \sigma_B)^2 + 2 x_A x_B \rho_{AB} \sigma_A \sigma_B$$

$$= (x_A \sigma_A)^2 + (x_B \sigma_B)^2 + 2 x_A x_B \sigma_{AB} \tag{9.6}[3]$$

$$\sigma_P = \sqrt{(x_A \sigma_A)^2 + (x_B \sigma_B)^2 + 2 x_A x_B \sigma_{AB}}$$

## 1.4 3証券のポートフォリオ

上の公式を利用すれば，3銘柄（A株式，B株式，C株式）のポートフォリオのリスクとリターンは以下のようにして計算できる。

$$E(\mu_P) = x_A \mu_A + x_B \mu_B + x_C \mu_C \tag{9.7}$$

$$\sigma_P = \sqrt{(x_A \sigma_A)^2 + (x_B \sigma_B)^2 + (x_C \sigma_C)^2 + 2 x_A x_B \sigma_{AB} + 2 x_A x_C \sigma_{AC} + 2 x_B x_C \sigma_{BC}} \tag{9.8}$$

## 1.5 n証券のポートフォリオ

$$\sum_{i=1}^{n} x_i = 1 \tag{9.9}$$

$$\mu_P = \sum_{i=1}^{n} x_i \mu_i \tag{9.10}$$

$$\sigma_P = \sqrt{\left(\sum_{i,j=1}^{n} x_i x_j \sigma_{ij}\right)^2} \tag{9.11}$$

以上を行列式で表現してみよう。添え字を各証券として $x_i$ を投資比率とする。

$$\boldsymbol{x} = [x_1 \ x_2 \ \cdot \ \cdot \ x_n] \tag{9.12}$$

ただし $x_i \geq 0$

---

[3] $\sigma_P^2 = \Sigma f_j [x_A \mu_{Aj} + x_B \mu_{Bj} - x_A \mu_A - x_B \mu_B]^2$
$= \Sigma f_j \{[x_A \mu_{Aj} - x_A \mu_A]^2 + [x_B \mu_j - x_B \mu_B]^2$
$\quad + 2 [x_A \mu_{Aj} - x_A \mu_A][x_B \mu_{Bj} - x_B \mu_B]\}$
$\Sigma f_j [x_A \mu_{Aj} - x_A \mu_A]^2 = (x_A \sigma_A)^2$
$\Sigma f_j [x_B \mu_{Bj} - x_B \mu_B]^2 = (x_B \sigma_B)^2$
$\Sigma f_j [x_A \mu_{Aj} - x_A \mu_A][x_B \mu_{Bj} - x_B \mu_B] = x_A x_B \sigma_{AB}$

第3部　ポートフォリオ（Portfolio）

$$\boldsymbol{\mu} = [\mu_1 \ \mu_2 \ \cdot \ \cdot \ \mu_n] \tag{9.13}$$

また，すべての成分が1である$n$次の行ベクトルを**1**とする。

次に共分散行列（convariance matrix）を示す。

$$\boldsymbol{V} = \begin{bmatrix} \sigma_{11}^2 & \sigma_{12}^2 & \cdot & \cdot & \sigma_{1n}^2 \\ \sigma_{21}^2 & \sigma_{22}^2 & \cdot & \cdot & \sigma_{2n}^2 \\ \cdot & \cdot & & & \cdot \\ \sigma_{n1}^2 & \sigma_{n2}^2 & \cdot & \cdot & \sigma_{nn}^2 \end{bmatrix} \tag{9.14}$$

正則（$n \times n$）で各銘柄の分散は正であり，対称行列であるから正値定符号である。よって必ず逆行列$\boldsymbol{V}^{-1}$が存在する。

であるから，$W$のポートフォリオは以下のようにまとめることができる。

$$\sum_{i=1}^{n} x_i = 1 \ \rightarrow \ \boldsymbol{x}\boldsymbol{1}^T = 1 \tag{9.15}$$

$\boldsymbol{1}^T$：**1**の転置行列

$$\sum_{i=1}^{n} x_i \mu_i = \mu_P \ \rightarrow \ \boldsymbol{x}\boldsymbol{\mu}^T = \mu_P \tag{9.16}$$

$$\sum_{i,j=1}^{n} x_i x_j \sigma_{ij} = \sigma_P^2 \ \rightarrow \ \boldsymbol{x}\boldsymbol{V}\boldsymbol{x}^T = \sigma_P^2 \tag{9.17}$$

## 2　数 値 事 例

［図表9.2］に基づき簡単なポートフォリオを計算する。

［図表9.2］　2証券のポートフォリオ

| 景　気 | 良 | 普通 | 悪 | 期待投資収益率 $\mu_i$<br>（リターン）％ | 標準偏差 $\sigma_i$<br>（リスク）％ |
|---|---|---|---|---|---|
| 確　　率 | 1/3 | 1/3 | 1/3 | | |
| A株式投資収益率(％) | 20 | 10 | 0 | (10) | (8.16) |
| B株式投資収益率(％) | 10 | 0 | 8 | (6) | (4.32) |

## 2.1 リスクとリターンの計算

A 株：
$$\mu_A = \frac{1}{3} \times 20 + \frac{1}{3} \times 10 + \frac{1}{3} \times 0 = 10(\%)$$
$$\sigma_A^2 = \frac{1}{3} \times (20-10)^2 + \frac{1}{3} \times (10-10)^2 + \frac{1}{3} \times (0-10)^2$$
$$= 66.67(\%)$$
$$\sigma_A = (66.67)^{\frac{1}{2}} = 8.16(\%)$$

B 株：
$$\mu_B = \frac{1}{3} \times 10 + \frac{1}{3} \times 0 + \frac{1}{3} \times 8 = 6(\%)$$
$$\sigma_B^2 = \frac{1}{3} \times (10-6)^2 + \frac{1}{3} \times (0-6)^2 + \frac{1}{3} \times (8-6)^2$$
$$= 18.67(\%)$$
$$\sigma_B = (18.67)^{\frac{1}{2}} = 4.32(\%)$$

## 2.2 2証券のポートフォリオの計算

まず，A株式とB株式の共分散と相関係数を求める。

$\sigma_{AB} = 6.67\%$    $\rho_{AB} = 0.189$

次にA株式，B株式の組入れ比率を50％とすれば

$\mu_P = 0.5 \times 10 + 0.5 \times 6 = 8\%$

$\sigma_P^2 = 0.5^2 \times 8.16^2 + 0.5^2 \times 4.32^2 + 2 \times 0.5 \times 0.5 \times 6.67 = 24.65$

$\sigma_P = 4.965\%$

以下，同様に組入れ比率を変化させると，リターンとリスクは［図表9．3］ようになる。

第3部 ポートフォリオ (Portfolio)

[図表9.3] 証券ポートフォリオ

| | A | B | C | D | E | F | G | H | I |
|---|---|---|---|---|---|---|---|---|---|
| 1 | Portfolio | | | | | | | | |
| 2 | | | A | B | | | | | |
| 3 | 平均投資収益率 $\mu$ | | 10.00 | 6.00 | | | | | |
| 4 | 標準偏差 $\sigma$ | | 8.16 | 4.32 | | | | | |
| 5 | 共分散 $\sigma$ (AB) | | 6.67 | | | | | | |
| 6 | (A)の組入れ比率 | (B)の組入れ比率 | (A)*$\mu$(A) | (A)*$\mu$(B) | (A)^2*$\sigma$(A)^2 | (B)^2*$\sigma$(B)^2 | 2(A)(B)*$\sigma$(AB) | $\sigma$(P) | $\mu$(P) |
| 7 | 1 | 0 | 10.00 | 0.00 | 66.6 | 0.0 | 0.00 | 8.16 | 10.00 |
| 8 | 0.9 | 0.1 | 9.00 | 0.60 | 53.9 | 0.2 | 1.20 | 7.44 | 9.60 |
| 9 | 0.8 | 0.2 | 8.00 | 1.20 | 42.6 | 0.7 | 2.13 | 6.75 | 9.20 |
| 10 | 0.7 | 0.3 | 7.00 | 1.80 | 32.6 | 1.7 | 2.80 | 6.09 | 8.80 |
| 11 | 0.6 | 0.4 | 6.00 | 2.40 | 24.0 | 3.0 | 3.20 | 5.49 | 8.40 |
| 12 | 0.5 | | | | | | | 4.96 | 8.00 |
| 13 | 0.4 | | | | | | | 4.54 | 7.60 |
| 14 | 0.3 | | | | | | | 4.24 | 7.20 |
| 15 | 0.2 | | | | | | | 4.09 | 6.80 |
| 16 | 0.1 | | | | | | | 4.12 | 6.40 |
| 17 | 0 | | | | | | | 4.32 | 6.00 |

## 3 標 準 問 題

### 3.1 効用曲線とポートフォリオ

ポートフォリオは単一の証券投資よりも効用曲線を右上がりに上昇させることは[図表9.4]から理解できる。これは証券を組み合せると同じリスクでも投資収益率が上昇するからである。これこそがポートフォリオ・セレクションの投資の有効性である。

また，その範囲は同図表から株式Aと株式Bの相関係数が$-1 \leq \rho_{AB} \leq 1$であるので，この間をポートフォリオは動くことになる。

第9章　ポートフォリオ

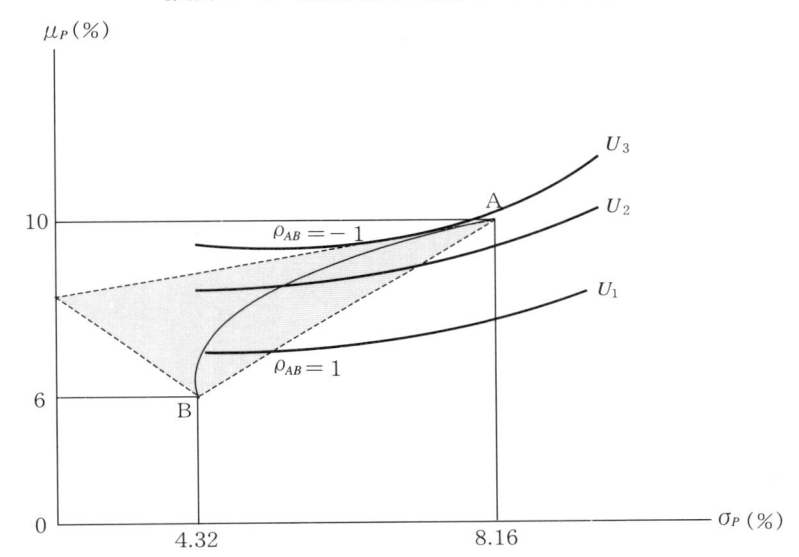

[図表9.4]　効用曲線と2証券ポートフォリオ

## 3.2　効率的フロンティア

　この3銘柄の繰入れ比率は［図表9.5］のABCの内側の範囲で無数に考えられる。この「投資機会集合」で同じリターンで最もリスクが低い線で結ばれた軌跡が最小分散フロンティア（minimum variance portfolio frontier）と呼ばれる。さらにそのなかで同じリターンでも2つのリスクがあり，より効率的な軌跡を効率的フロンティア（efficient frontier）という。［図表9.5］では太線がそれに対応する。

　この効率的フロンティアはラグランジェの解（lagrange's solution）として上記（9.15）から（9.17）を用いて Min $\sigma_P$ または Max $\mu_P$ を求める条件付最小化（最大化）問題となり，実数値ではコンピュータに委ねなければならない[4]。

---

　4）　マトリックスによるラグランジェの一般解と10銘柄の効率的ポートフォリオの作成については，佐藤猛［2002］「Excelによる効率的ポートフォリオの実験」『情報科学研究第11号』日本大学商学部情報科学研究所，pp. 1 −14.

第3部 ポートフォリオ (Portfolio)

[図表9.5] 3証券のポートフォリオ

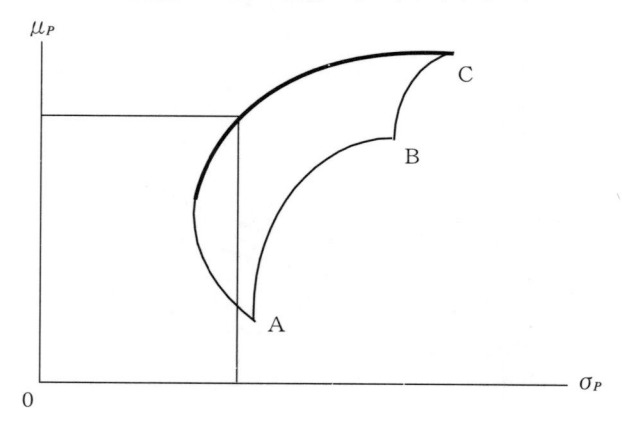

さらに [図表9.6] からリスク資産の数が2証券から3銘柄に増加すると、効用が上昇することがわかる。この直感的な理解はリスク資産の組入れ数が増加すればするほど効用が上昇するとの結論を得る。この組入れ数を最大限にしたポートフォリオが市場ポートフォリオ (market portfolio) であり、現実的にはTOPIX (Tokyo Stock Price Index) や日経平均で代替される。

[図表9.6] 効用曲線とn証券のポートフォリオ

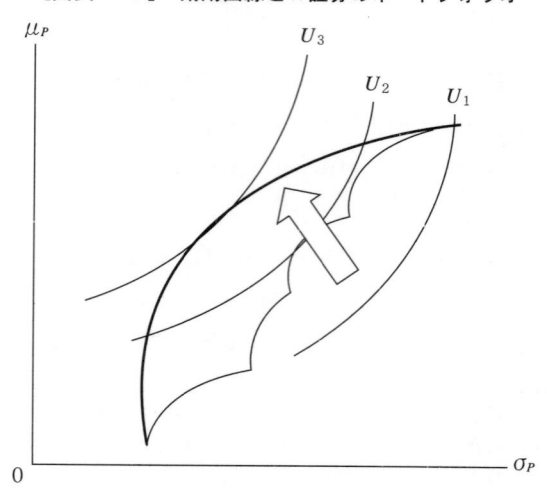

## 3.3 標準問題

シャープ（Sharp, W.F.）は $\text{Min}\,\sigma_P$ または $\text{Max}\,\mu_P$ を求める2次計画問題をポートフォリオ選択の基本問題と呼び，$x_i \geq 0$（空売り禁止）を加えてポートフォリオ選択の標準問題と呼んだ[5]。

効用関数を極大化するための最適ポートフォリオ（optimal portfolio）を求める場合，以下のような最適化問題となる。

$\quad$ Max $U(\mu, \sigma)$

$\quad$ subject to $(s.t)$ $\hfill (9.18)$

$\quad \boldsymbol{x} \boldsymbol{1}^T = 1\ (x_i \geq 0)$[6]

ただし，$\boldsymbol{x}\boldsymbol{\mu}^T = \mu$，$\boldsymbol{x}\boldsymbol{V}\boldsymbol{x}^T = \sigma^2$

現実問題として効用関数 $E[U(W)] = U(\mu, \sigma)$ が明示的な形であらわせないので，期待効用は $\dfrac{\partial U}{\partial \mu} > 0,\ \dfrac{\partial U}{\partial \sigma} < 0$ の仮定のみに依存することになる。

このことを念頭におけば，ポートフォリオにおける各収益率 $\mu_P$ において，最小分散 $\sigma_P^2$ とする最適化問題として扱うことができる。

$\quad \text{Min}(\boldsymbol{x}\boldsymbol{V}\boldsymbol{x}^T) = \sigma_P^2$

$\quad s.t$ $\hfill (9.19)$

$\quad \boldsymbol{x}\boldsymbol{\mu}^T = \mu_P$

$\quad \boldsymbol{x}\boldsymbol{1}^T = 1\ (x_i \geq 0)$

上記は数理的に2次数理計画 $P$ として最適解を求めることになる[7]。

---

5) Elton, J.E , Gruber, M.J. [1995] *ibid.*
　Sharpe, W.F. [1970] *Portfolio Theory and Capital Markets,* McGrow-Hill.
　Sharpe, W.F. [1988] *Investment,* Prentice Hall.（日本証券アナリスト協会訳[1986]『現代証券投資論』日本証券アナリスト協会.）
6) $x_i \geq 0$ は信用取引を認めないことを示す。
7) 別法：$\text{Max}(\boldsymbol{x}\boldsymbol{\mu}^T) = \mu_P$　$s.t$　$(\boldsymbol{x}\boldsymbol{V}\boldsymbol{x}^T) = \sigma_P^2$　$\boldsymbol{x}\boldsymbol{1}^T = 1\ (x_i \geq 0)$

第3部　ポートフォリオ（Portfolio）

## 4　無リスク資産の導入

このリスク資産は預金やまたは借入れにより購入される。そこで無リスク資産の金利$r_f$，借入金の金利$r_B$とする。［図表９.７］に沿って考えると，通常，$r_f > r_B$であるから，まず金利$r_f$が安い自己資金（預金）で投資を行い，b以降は借入れ金利$r_B$の金利が安いので，借入資金でポートフォリオに投資を行うことになろう。

ただし，ポートフォリオ理論では摩擦のない市場を前提としているから，$r_f = r_B$となる金融市場を想定するので１つの直線で結ばれることになる。

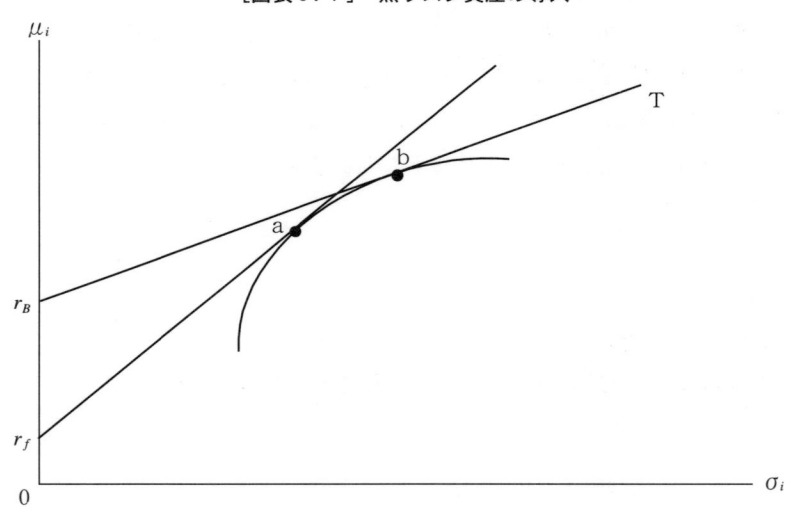

［図表９.７］　無リスク資産の導入

## 5 ポートフォリオの性格

### 5.1 分離定理

[図表9.8]は投資家の効用が一義的であっても,投資家それぞれの効用が異なっても,金利 $r_f$ がすべて等しい市場では,リスク資産の効率的ポートフォリオと金利と結んだ接点Mを通るT線は,すべての投資家が行うべきリスク資産と預金または借入れの組合せを示している。すなわち,投資家の効用とは無関係に最適投資が決定されることをポートフォリオの分離定理(portfolio separation theorem)という。

そして考えられる最大のポートフォリオは現実的には上述した市場ポートフォリオとフリーレートを結んだ接点Mの接点ポートフォリオ(tangent portfolio)である。すなわち金利 $r_f$ のとき,効率的ポートフォリオの中で最適ポートフォリオでもある。

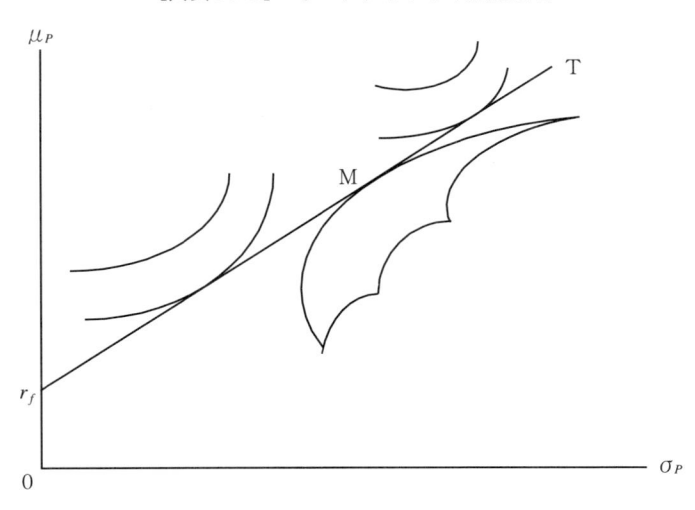

[図表9.8] ポートフォリオの分離定理

## 5.2 保険原理

ポートフォリオの組み入れ銘柄数を多くすると企業固有のリスクは減少して，全体のリスク，たとえばマクロ経済要因等の影響のリスクのみが残る。前者のリスクを分散可能なシステマティック・リスク（systematic risk），後者を分散不可能なアンシステマティック・リスク（unsystematic risk）という。接点ポートフォリオMは市場で取引されているすべての証券から構成されている。

こうした個々のリスクの相殺は保険原理（insurance principle）とも呼ばれる。通常30銘柄程度の繰入れでほとんどの分散可能リスクが消去される。

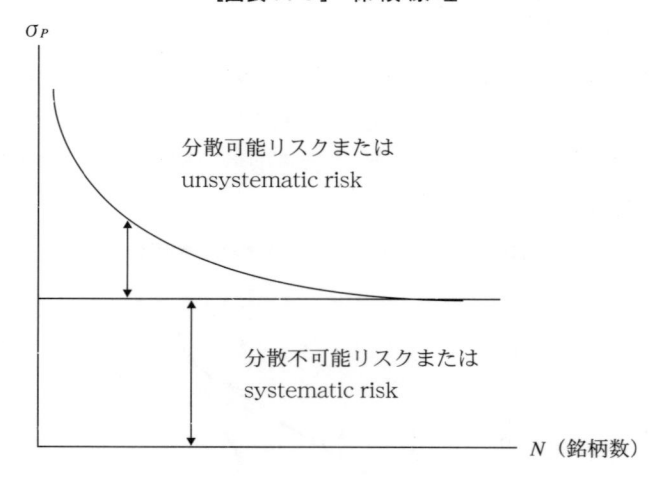

**[図表9.9] 保険原理**

# 6 効率的フロンティアの計算

## 6.1 Excelの操作

3証券の効率的フロンティア作成のExcelの操作は以下のとおりである。

第9章　ポートフォリオ

① 3銘柄の平均収益率

$$\boldsymbol{\mu} = \begin{bmatrix} \mu_1 & \mu_2 & \mu_3 \end{bmatrix}$$

② 共分散行列

$$\boldsymbol{V} = \begin{bmatrix} \sigma_{11} & \sigma_{12} & \sigma_{13} \\ \sigma_{21} & \sigma_{22} & \sigma_{23} \\ \sigma_{31} & \sigma_{32} & \sigma_{33} \end{bmatrix}$$

③ $x$を投資比率として $\boldsymbol{x} = \begin{bmatrix} x_1 & x_2 & x_3 \end{bmatrix}$，行ベクトルすれば

$\boldsymbol{x}\boldsymbol{1}^T = x_1 + x_2 + x_3 = 1$　　　ただし$x_i \geq 0$

④ Excelの3証券の最小分散フロンティアの計算[8]

$\boldsymbol{x}\boldsymbol{\mu}^T = \mu_P \rightarrow$ MMULT$\begin{bmatrix}(x_1:x_3), \text{TRANSPOSE}(\mu_1:\mu_3)\end{bmatrix}$

$\boldsymbol{x}\boldsymbol{V}\boldsymbol{x}^T = \sigma_P^2 \rightarrow$ MMULT$\begin{bmatrix}\text{MMULT}(x_1:x_3, \sigma_{11}:\sigma_{33}), \text{TRANSPOSE}(x_1:x_3)\end{bmatrix}$

⑤ Excelの「分析ツール」のソルバー機能を用いて標準問題を解く[9]。

⑥ 最小分散フロンティアのうち，同一リターンのうち最小リスクを求めれば効率的フロンティアが出来上がる。

---

[8] 以下，行列の計算を示す。

MMULT$[(x_1:x_3), \text{TRANSPOSE}(\mu_1:\mu_3)] \rightarrow \begin{bmatrix} x_1 & x_2 & x_3 \end{bmatrix} \begin{bmatrix} \mu_1 \\ \mu_2 \\ \mu_3 \end{bmatrix}$

$= x_1\mu_1 + x_2\mu_2 + x_3\mu_3$

MMULT$[\text{MMULT}(x_1:x_3, \sigma_{11}:\sigma_{33}), \text{TRANSPOSE}(x_1:x_3)]$

A：MMULT$(x_1:x_3, \sigma_{11}:\sigma_{33}) \rightarrow \begin{bmatrix} x_1 & x_2 & x_3 \end{bmatrix} \begin{bmatrix} \sigma_{11} & \sigma_{12} & \sigma_{13} \\ \sigma_{21} & \sigma_{22} & \sigma_{23} \\ \sigma_{31} & \sigma_{32} & \sigma_{33} \end{bmatrix}$

$= \begin{bmatrix} x_1\sigma_{11} + x_2\sigma_{21} + x_3\sigma_{31} & x_1\sigma_{12} + x_2\sigma_{22} + x_3\sigma_{32} & x_1\sigma_{13} + x_2\sigma_{23} + x_3\sigma_{33} \end{bmatrix}$

MMULT$[A, \text{TRANSPOSE}(x_1:x_3)] = A \begin{bmatrix} x_1 \\ x_2 \\ x_3 \end{bmatrix}$

[9] ④は「shift，Ctrl+ENTER」のキーを押して解を求める。

第3部　ポートフォリオ（Portfolio）

## 6.2　3証券のポートフォリオの計算

以下［図表9.10］は3銘柄の投資収益率（月次）の最小分散フロンティアの計算過程であり，［図表9.11］は効率的フロンティアが示されている。

［図表9.10］　Excelによる最小分散フロンティアの作成

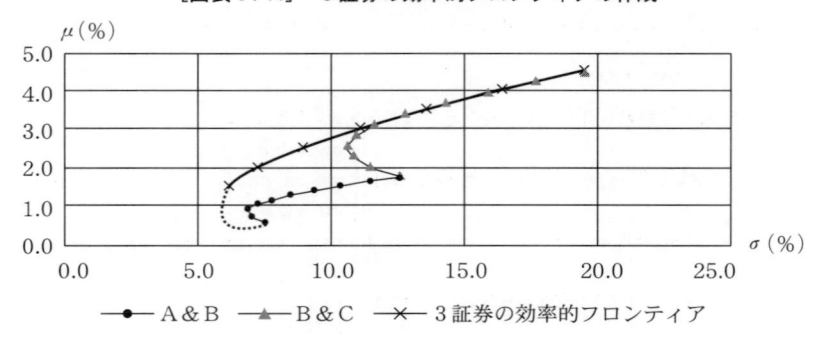

| | A | B | C | D | E | F | G | H | I | J |
|---|---|---|---|---|---|---|---|---|---|---|
| 1 | 銘柄 | A | B | C | 組入れ比率合計 | | 共分散σij | A | B | C |
| 2 | 平均収益率 | 1.7 | 0.5 | 4.5 | | | A | 157.1 | 13.6 | 1.0 |
| 3 | 標準偏差 | 12.5 | 7.4 | 19.6 | | | B | 13.6 | 54.7 | -26.6 |
| 4 | 組入れ比率 | 0.14 | 0.78 | 0.08 | 1.00 | | C | 1.0 | -26.6 | 386.1 |
| 5 | | | | | | ソルバーの結果 | | | | |
| 6 | 3銘柄ポートフォリオ | | | | 期待収益率 | 最小分散 | 最小標準偏差 | A | B | C |
| 7 | 期待収益率 | 1.0 | | | 0.5 | 54.7 | 7.4 | 0 | 1 | 0 |
| 8 | 最小分散 | 38.7 | | | 1 | 38.7 | 6.2 | 0.14 | 0.78 | 0.08 |
| 9 | | | | | | | 6.1 | 0.19 | 0.62 | 0.19 |
| 10 | | | | | | | 6.4 | 0.21 | 0.55 | 0.23 |
| 11 | | | | | | | 7.2 | 0.25 | 0.45 | 0.3 |
| 12 | | | | | | | 8.9 | 0.3 | 0.29 | 0.41 |
| 13 | | | | | | | 11.1 | 0.35 | 0.13 | 0.52 |
| 14 | | | | | | | 13.5 | 0.35 | 0 | 0.65 |
| 15 | | | | | | | 16.4 | 0.17 | 0 | 0.83 |
| 16 | | | | | | | 19.6 | 0 | 0 | 1 |

［図表9.11］　3証券の効率的フロンティアの作成

# 第10章　ＣＡＰＭとＡＰＴ

## 1　ＣＡＰＭ

### 1.1　ＣＭＬ

　各投資家が上のポートフォリオ理論に沿って投資行動を行った場合，市場はどのようになるのであろうか。そこで前章ポートフォリオ理論の前提①から⑤の他に，⑥投資家は資産の投資収益率について同一の予想を有する（同質的期待仮説）を加える。

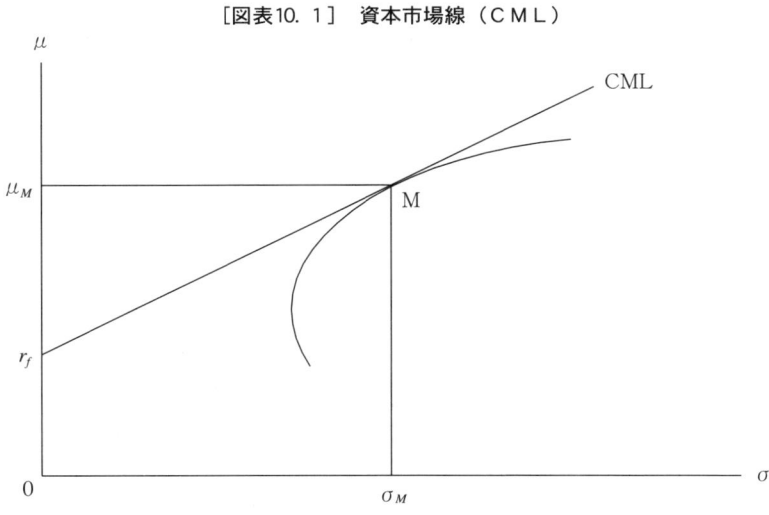

[図表10.1]　資本市場線（ＣＭＬ）

第3部　ポートフォリオ（Portfolio）

［図表10.1］は資本市場全体のあらゆる投資家がそれぞれ最適なポートフォリオを行えば，リスク資産のポートフォリオはMで均衡化する。この点Mではリスク資産の需給が一致している，市場ポートフォリオでもある。そうすると，無リスク金利 $r_f$ とMを結んだ線上はあらゆる投資家が投資に際して行う合理的な投資線であり，これを資本市場線（capital market line：ＣＭＬ）という。ＣＭＬを式で表すと以下のとおりとなる。

$$\mu_P = r_f + \left(\frac{\mu_M - r_f}{\sigma_M}\right)\sigma_P \tag{10.1}$$

そして（$\mu_M - \mu_f$）は市場ポートフォリオMの超過収益率（rate of excess return）を表しているから，市場ポートフォリオのリスク・プレミアム（risk premium）という。

$\left(\dfrac{\mu_M - r_f}{\sigma_M}\right)$ ＝リスク1単位当たりのリスク・プレミアムであるから，リスクの市場価格（market price of risk）を表している。

### 1.2　ＣＭＬの事例

ここで具体的な事例でさらに［図表10.2］に基づきＣＭＬについて考えてみよう[1]。

いまリスク資産（市場ポートフォリオ）の組入れ比率 $x$（$1 \geq x \geq 0$），無リスク資産の組入れ比率 $(1-x)$ とすれば，リスク・プレミアムは10％である。そのときＣＭＬ上のポートフォリオの期待収益率は

$$\mu_P = x\mu_M + (1-x)r_f = r_f + x(\mu_M - r_f) = 5 + 10x \tag{10.2}$$

である。

無リスク資産のショート・ポジションにした $1-x=-0.5$ はレバレッジまたは信用取引を行ったことを意味する。このときの $\mu_P=20$, $\sigma_P=30$ は破線ＣＭＬ

---

[1] Bodie, Z., Kane, A., Marcus, A. J. [1998] *Investment 2th,* Irwin.（堀内昭義訳 [2003] 証券投資［上］東洋経済新報社, pp. 206−211.）

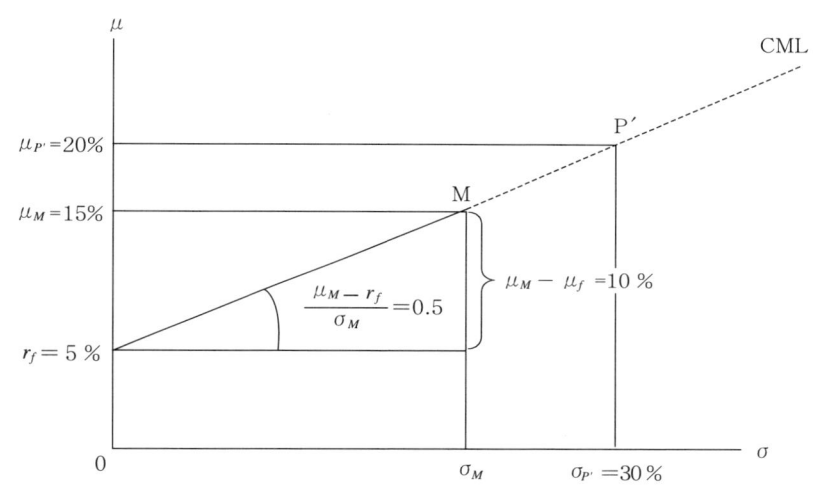

第10章　CAPMとAPT

[図表10.2]　ＣＭＬの事例

$\mu_{P'}=20\%$
$\mu_M=15\%$
$\dfrac{\mu_M-r_f}{\sigma_M}=0.5$
$\mu_M-\mu_f=10\%$
$r_f=5\%$
$\sigma_M$　$\sigma_{P'}=30\%$

上のP′に位置することになる。

## 1.3　CAPMの導出

資本市場線を形成する市場ポートフォリオMは個別銘柄とどのような関係を持っているか。これを明らかにしようとしたのがシャープ・リントナー (Sharpe, W. E, Lintner, J.) の資本資産評価モデル (capital asset pricing model：CAPM) である[2]。以下，CAPMを導出する。

いま資産 $i$ への投資比率を $a$ 増加させると，市場ポートフォリオへの投資比

---

[2] Sharpe, W. F. [1964] "Capital Asset Prices：A Theory of Market Equilibrium under Conditions of risk," *Journal of Finance 19*, pp. 425–442.
　　Lintner, J. [1965] "The Valuation of Risk Assets and the Selection of Risky Investments in Stock Portfolios and Capital Budgets," *Review of Economics and Statistics 47*, pp. 13–37.
　　Mossin, J. [1966] "Equilibrium in a Capital Asset Market," *Econometrica 35*, pp. 768–783.
　　Sharpe, W. F. [1970] *Portfolio Theory and Capital Markets*, McGrow-Hill.

第3部　ポートフォリオ（Portfolio）

率 $(1-\alpha)$ となる。

$$\mu_P = \alpha \mu_i + (1-\alpha) \mu_M$$

$$\sigma_P = \{\alpha^2 \sigma_i^2 + (1-\alpha)^2 \sigma_M^2 + 2\alpha(1-\alpha)\sigma_{iM}\}^{\frac{1}{2}}$$

上記2式を $\alpha$ で微分する[3]。

$$\frac{\partial \mu_P}{\partial \alpha} = \mu_i - \mu_M$$

$$\frac{\partial \sigma_P}{\partial \alpha} = \frac{1}{2}\{\alpha^2 \sigma_i^2 + (1-\alpha)^2 \sigma_M^2 + 2\alpha(1-\alpha)\sigma_{iM}\}^{-\frac{1}{2}}$$
$$\times \{2\alpha \sigma_i^2 - 2(1-\alpha)\sigma_M^2 + 2(1-2\alpha)\sigma_{iM}\}$$

点Mにおける傾きは $\alpha = 0$ であるので，このポートフォリオの傾きは

$$\left.\frac{\partial \mu_P}{\partial \sigma_P}\right|_{\alpha=0} = \frac{\mu_i - \mu_M}{\dfrac{(-\sigma_M^2 + \sigma_{iM})}{\sigma_M}}$$

である。

またＣＭＬの点Mの傾きは同じになるから

$$\frac{\mu_i - \mu_M}{\dfrac{(-\sigma_M^2 + \sigma_{iM})}{\sigma_M}} = \frac{\mu_M - r_f}{\sigma_M}$$

を得る。

よって $\mu_i$ で解けば

$$\mu_i = r_f + \beta_i(\mu_M - r_f) \tag{10.3}$$

$$\beta_i = \frac{\sigma_{iM}(=Cov(i,M))}{\sigma_M^2}$$

となり，(10.3) がＣＡＰＭである[4]。

---

[3] この解法は偏微分の chain rule を利用すればよい。
[4] さらに直感的に整理してみよう。

$$\mu_P = r_f + \frac{\sigma_P}{\sigma_M}(\mu_M - r_f) \quad P \to i \quad \frac{\sigma_P}{\sigma_M} \to \frac{\sigma_i}{\sigma_M} \to \frac{\sigma_{iM}}{\sigma_M^2}$$

$$\Rightarrow \mu_i = r_f + \frac{\sigma_{iM}}{\sigma_M^2}(\mu_M - r_f)$$

第10章　CAPMとAPT

　CAPMの含意は市場均衡においてリスク資産のリスクは市場ポートフォリオとの関係で計測が可能であり，個々のリスク資産の標準偏差とは無関係となる。すなわち，ファンダメンタルズによる価値評価やマーコビッツの個別資産よりも市場ポートフォリオ（株価指数）でもって価値評価することになる。これは個別会計情報の有効性に疑意を呈することになる。

　たとえばCAPMの前提が市場で成立するならば，$\beta_i=0.9$，$\mu_M=10\%$，$r_f=2\%$とすれば，$i$銘柄の投資収益率は9.2％となる。

## 1.4　SML

　(10.3)のCAPMをグラフにすると［図表10.3］になる。同図表において，フリー・リスク金利$r_f$を切片として傾きを$\mu_M-r_f$とする直線を証券市場線（security market line：SML）という。点Mは市場ポートフォリオである。

　さらに［図表10.3］において，均衡している市場ではリスク資産$i$証券はSML線上の点Aに位置する。ところが，何らかの理由により短期的に期待投資収益率が点Bに上昇すると，価格も上昇するであろう。本来，期待収益率は$\mu_i$

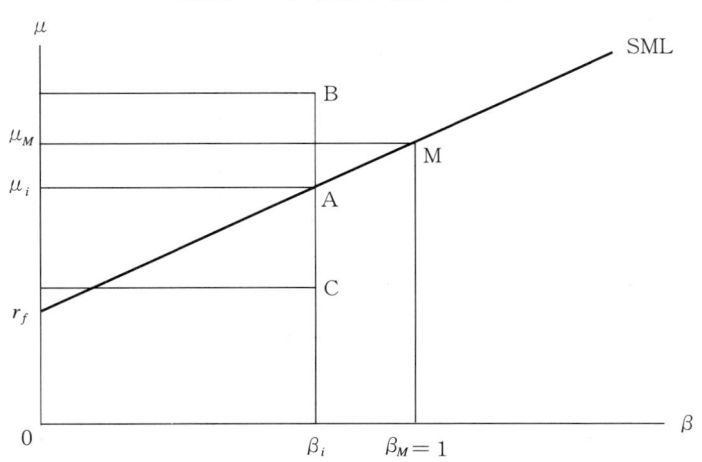

［図表10.3］　証券市場線（SML）

であるので市場では売出され，結局，点Aに戻る。同様に点Cは短期的に期待収益率が低下したので，価格はそれに応じて下落するが，本来の期待投資収益率 $\mu_i$ を知っている投資家の買需要により，点Aに戻る。

## 2　CAPMの拡張

### 2.1　ゼロ・ベータCAPM

フィッシャー（Black, F.）は無リスク資産の投資が制約されている場合の投資収益率とベータ値との関係からゼロ・ベータCAPM（zero-beta CAPM）を考案した[5]。［図表10.4］を用いて，その考え方を明らかにする。

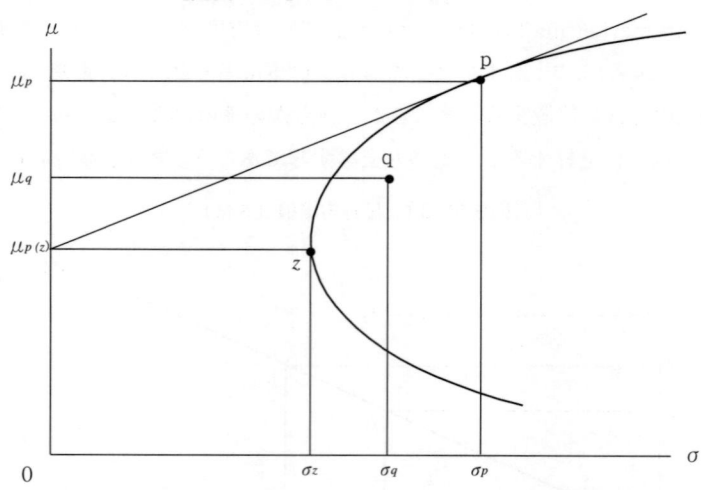

［図表10.4］　ゼロ・ベータCAPM

ブラックに従えば，フロンティア・ポートフォリオについてpと共分散がゼロになる $p(z)$ をもつ。$p(z)$ をpのゼロ・ベータ・ポートフォリオ（zero-beta portfolio）という。

---

5）　Black, F. [1972] "Capital Market Equilibrium with Restricted Borrowing," *Journal of Business* 45. pp. 444−455.

第10章　CAPMとAPT

そこで，いま任意のポートフォリオとしよう。このとき以下の関係式が与えられる[6]。

$$\mu_q = \mu_{p(z)} + \beta_{pq}\left[\mu_p - \mu_{p(z)}\right] \tag{10.4}$$

$$\beta_{pq} = \frac{\sigma_{pq}(=cov(p,q))}{\sigma_p^2}$$

そこでポートフォリオpはフロンティア・ポートフォリオしか保有していないので，リスク資産すべての市場ポートフォリオMも選ぶことができよう。したがって（10.4）は以下のように書き換えることができる。

$$\mu_q = \mu_{M(z)} + \beta_{Mq}\left[\mu_M - \mu_{M(z)}\right] \tag{10.5}$$

このようなストーリーからブラックは無リスク資産の存在なしにCAPMを導いた。

## 2.2　消費CAPM

いま，以下のように資産の収益率を市場ポートフォリオに依存する代わりに消費量と考えると，以下のような消費CAPM（comsumption-CAPM）となる[7]。

$$\mu_{it} \equiv \alpha_i + \beta_i C_t + \varepsilon_{it} \tag{10.6}$$

$\mu_{it}$：$t$期における$i$資産の収益　　$C_t$：$t$期における総消費成長率

ただし

$$E(\varepsilon_{it}) = 0 \quad Cov(\varepsilon_{it}, C_t) = 0 \quad \beta_i = \frac{Cov(\mu_{it}, C_t)}{var(C_t)}$$

上記式について均衡式の導出は次節ＡＴＰと深く関係するがシングル・ファクターであるからCAPMと同型となる[8]。

---

6) Danthine, J.P., Donaldson, J.B. [2005] *Intermediate Financial Theory(2nd ed)*, Elsevier.（日本証券アナリスト協会（編），祝迫得夫監訳 [2007]『現代ファイナンス分析資産価格理論』ときわ総合サービス，pp.148-153.）
7) Elton, J.E, Gruber, M.J. [1995] *ibid.*, pp.329-330.
8) さらに消費量と多期間（intertemporal）CAPMに進展していく。
　Merton, R. [1973] "An Intertemporal Capital Asset Pricing Model," *Econometrica 41*, pp.867-888.

第3部　ポートフォリオ（Portfolio）

$$\bar{\mu}_i = \bar{\mu}_z + \gamma_1 \beta_1$$

$\bar{\mu}_i$：$i$ 資産の期待収益　　　　　$\gamma_1$：消費 $\beta$ の市場価格

$\bar{\mu}_z$：ゼロ消費 $\beta$ の期待収益

## 2.3　ロールの批判

ロール（Roll, R.）は期待収益率・ベータ関係のテストと同時にCAPMの有効性に疑問を呈した[9]。彼の批判の論旨は理論的な問題よりもCAPMの有効性をテストすることの無意味性や困難性を指摘した。たとえば，多くの観察標本ができるので，多くのベータ値は存在するであろうし，ベータ値それ自体も，代理パラメーターとしての市場ポートフォリオから乖離した状態，すなわちベンチマーク・エラー（benchmark error）になる。こうした問題提起は『ベータは死んだか』（Institutional Investor 誌）を契機にCAPMが一世を風靡していたアカデミックの世界に大きな衝撃を与えた。

# 3　ＡＰＴ

## 3.1　ＡＰＴの基本

CAPMは市場ポートフォリオという1つのファクターの均衡関係で構築された。これをシングル・ファクター・モデル（single-factor model）ともいう。このファクター（$F$）はＧＮＰ成長率やインフレーション率，金利変化等も考えられる。このように複数のファクターから株式の収益性を捉えるマルチ・ファクター・モデル（multi-factor model）が提唱された。

このモデルの理論的根拠として「無裁定取引」を前提条件下，ロス（Ross,

---

9) Roll, R. [1977] "A Critique of the Assets Pricing Theory's Test," *Journal of Financial Economic 4,* pp. 129−176.

第10章 CAPMとAPT

S.A.）のＡＰＴ（arbitrage pricing theory）による期待収益の一般的均衡式に大きく依拠している。以下，ＡＰＴの基本を説明する[10]。

いま，以下のような$i$証券が2ファクターから影響を受けるとするモデルを想定する[11]。

$$\mu_i = a_{i0} + b_{i1}F_1 + b_{i2}F_2 + \varepsilon_i \tag{10.7}$$

　　$a_{i0}$：すべてのファクターの価値がゼロのとき収益率

　　$b_{i1}$：ファクター・ウェイト

　　$F_1$：ファクター1，$\varepsilon_i$：誤差項

　$Cov(\varepsilon_i, \varepsilon_j) = 0$　（自己相関なし）

　$Cov(\varepsilon_i, F_j) = 0$　（アンシステマティック・リスクで$F$とは無相関）

そこで（10.7）に基づき3証券の2ファクター・モデルを考える。

$$\begin{bmatrix}\mu_1 \\ \mu_1 \\ \mu_3\end{bmatrix} = a_0 \begin{bmatrix}1 \\ 1 \\ 1\end{bmatrix} + \begin{bmatrix}b_{11} \\ b_{21} \\ b_{31}\end{bmatrix} F_1 + \begin{bmatrix}b_{12} \\ b_{22} \\ b_{32}\end{bmatrix} F_2 \tag{10.8}$$

　　$\boldsymbol{\mu} = a_0 \boldsymbol{1} + \boldsymbol{b}_1 F_1 + \boldsymbol{b}_2 F_2$

ＡＰＴの前提はアンシステマティク・リスクが無視できる十分に分散されたポートフォリオ（すなわち，$E(\varepsilon_i)=0$）を基礎にした「無裁定」条件を前提としているから，3銘柄を組み合わせたポートフォリオ$\boldsymbol{x}(=[x_1 x_2 x_3])$を作っても，以下のように純投資はゼロ，リスクもゼロになる。これをゼロ・ポートフォリオ（zero portfolio）という。したがって期待収益（$\boldsymbol{x}\bar{\boldsymbol{\mu}}=0$）もゼロである。すなわち，以下のとおりである。

　　$\boldsymbol{x}\boldsymbol{1} = 0$　　$\boldsymbol{x}\boldsymbol{b}_1 = 0$　　$\boldsymbol{x}\boldsymbol{b}_2 = 0$

このとき$\bar{\boldsymbol{\mu}} = \lambda_0 \boldsymbol{1} + \lambda_1 \boldsymbol{b}_1 + \lambda_2 \boldsymbol{b}_2$をみたす$\lambda_0, \lambda_1, \lambda_2$が直交条件（orthogonal

---

[10] Ross, S.A. [1976] "The Arbitrage Theory of Capital Asset Pricing," *Journal of Economic Theory 13*, pp.341-360.

[11] Cuthbertson, K., Nitzsche, D. [2004] *Quantitative Financial Economics,* John Wiley&Sons, pp.182-185.
　　沢木勝茂 [1994]『ファイナンスの数理』朝倉書店, pp.65-75.

第3部　ポートフォリオ（Portfolio）

condition）から存在することが知れている[12]。（ただし銘柄数＞ファクター数）

## 3.2　ＡＰＴの一般化

つぎにＡＰＴについて，まず$\lambda$の解釈をしたのち一般公式を示そう。

いま，2ファクター・モデルのＡＰＴは

$$\bar{\mu}_i = \lambda_0 + \lambda_1 b_{i1} + b_{i2}$$

である。そこで

$b_{i1}=0$　$b_{i2}=0$のときは　$\lambda_0 = \mu_f = \mu_z$

$b_{i1}=1$　$b_{i2}=0$のときは　$\lambda_1 = \bar{\mu}_1 - \lambda_0 = \bar{\mu}_1 - \mu_z$

$b_{i1}=0$　$b_{i2}=1$のときは　$\lambda_2 = \bar{\mu}_2 - \lambda_0 = \bar{\mu}_2 - \mu_z$

であるから

$$\bar{\mu}_i = \mu_z + b_{i2}(\bar{\mu}_1 - \mu_z) + b_{i2}(\bar{\mu}_2 - \mu_z)$$

と表される。よって，$\lambda_j$は資産の超過収益の期待値を示している。

次に一般化したＡＰＴを示す。

$$\mu_i = a_{i0} + \sum_{j=1}^{k} b_{ij} F_j + \varepsilon_i \rightarrow \bar{\mu}_i = \lambda_0 + \sum_{j=1}^{k} b_{ij} \lambda_j \qquad (10.9)$$
　　（ファクター・モデル）　　　　（ＡＰＴ）

---

[12]　$x$は1と$b_1$とも直交しているので，幾何学的表現では平面上に1と$b_1$は位置し，$x$が$\bar{\mu}$と直交している。よって$\bar{\mu}$は1と$b_1$の線形結合として，$\bar{\mu} = \lambda_0 1 + \lambda_1 b_1$と表すことができる。

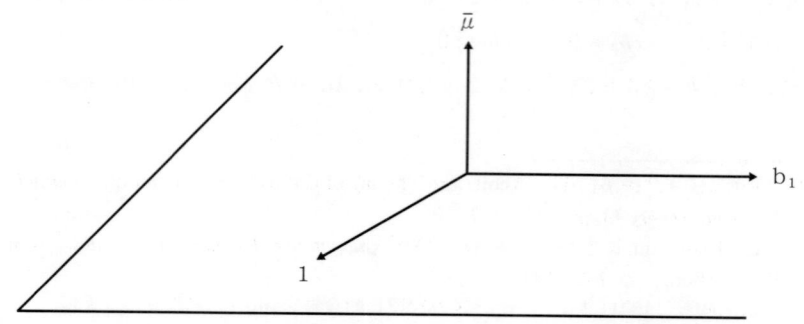

第10章　CAPMとAPT

## 3.3　ＡＰＴモデルの利用

ＡＰＴはCAPMより一般的な均衡化のプライシング・モデルであるが, $\lambda_0$ や $\lambda_{ij}$ の理論的な性格についての説明が欠如している。そこで，ファクターの特定と同様にＡＰＴの検証する方法として①理論的アプローチ（システマティック・リスクに関係するファクター追求をする）と②統計的アプローチ[13]が考えられた。

それでは実際の代表的なＡＰＴモデルとしてチェン－ロール－ロス（Chen, N., Roll, R., Ross, S. A.）による1958年から1984年の間，①のアプローチによる事例を示す[14]。（統計的な有意水準表示は省略）

$$\mu_p = \lambda_0 + \lambda_{MP} b_{MP} + \lambda_{DEI} b_{DEI} + \lambda_{UI} b_{UI} + \lambda_{UPR} b_{UPR} + \lambda_{UTS} b_{UTS}$$
$$= 4.124 + 13.589\, \lambda_{MP} - 0.125\, \lambda_{DEI} - 0.629\, \lambda_{UI} + 7.590\, \lambda_{UPR} - 5.211\, \lambda_{UTS}$$
（10.10）

MP：鉱工業生産指数　　DEI：期待インフレ率
UI：期待されなかったインフレ　　UPR：社債リスク・プレミアム
UTS：長期債券収益率－短期ＴＢ利子

---

13) 統計的アプローチとしては複数の観測変数から主成分を作り出す分析手法である主成分分析（principal component analysis）と複数の観測変数の背後にある共通因子を探し出す分析手法の因子分析（factor analysis）がある。
14) Chen, N., Roll, R., Ross, S. A. [1986] "Economic Forces and Stock Market," *Journal of Business 59*, pp. 282－403.
　　久保田敬一 [2001]『よくわかるファイナンス』東洋経済新報社, pp. 125－164.

# 第11章　ポートフォリオ・マネジメント

## 1　ポートフォリオの評価方法

### 1.1　ポートフォリオの評価方法

パフォーマンスについて3通りの評価方法のみ紹介する。

① シャープの測定（Sharpe's measure）

② ジャンセンの測定（Jensen's measure）

③ トレナーの測定（Treynor's measure）

そこで［図表11.1］の3ポートフォリオのパフォーマンスの事例から各測

**［図表11.1］　3ポートフォリオのパフォーマンス**

| 証　　券 | 平均収益率<br>($\mu$)（%） | 標準偏差<br>($\sigma$)（%） | ベータ<br>($\beta$) |
|---|---|---|---|
| ポートフォリオ（A） | 13 | 6 | 0.75 |
| ポートフォリオ（B） | 21 | 20 | 1.3 |
| 市場ポートフォリオ(M) | 15 | 10 | 1 |
| 無リスク利子率 | 5 % | | |

---

1）Sharpe, W. [1966] "Mutual Fund Performance," *Journal of Business 39*, pp. 119-138.
　Jensen, M. [1968] "Risk, the Pricing of Capital Assets, and the Evaluation of Investment Portfolios," *Journal of Business 42*, pp. 167-247.
　Treynor, J. [1996] "How to Rate Management of Investment Funds," *Harvard of Business Review 43*, pp. 63-75.

定による評価を行う[1]。

① シャープの測定

これはシャープ・レシオ（Sharpe ratio）とも呼ばれ，リスクに対してどれだけのリターンを得られるかを計測する。シャープ・レシオが大きいほどリスクに対して大きなリターンを実現していることを示す。

$$\theta_S^P = \frac{(\mu_P - r_f)}{\sigma_P} \tag{11.1}$$

A＝(13－5)÷6＝1.33
B＝(21－5)÷20＝0.8
A＞B

[図表11.2] シャープの測定

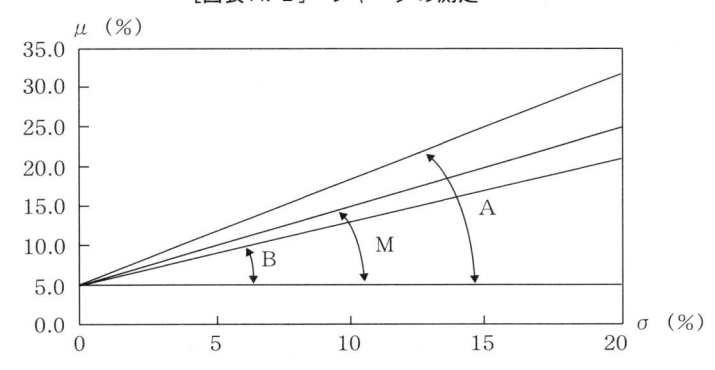

② ジャンセンの測定

ポートフォリオの $\beta$ の理論値に対してどれだけの超過収益を得たかを計測する。

$$\theta_J^P = \mu_P - \{r_f + (\mu_M - r_f)\beta_P\} \tag{11.2}$$

A＝13－[5＋(15－5)×0.75]＝0.5％
B＝21－[5＋(15－5)×1.3]＝3％
A＜B

第3部　ポートフォリオ（Portfolio）

[図表11.3]　ジャンセンの測定

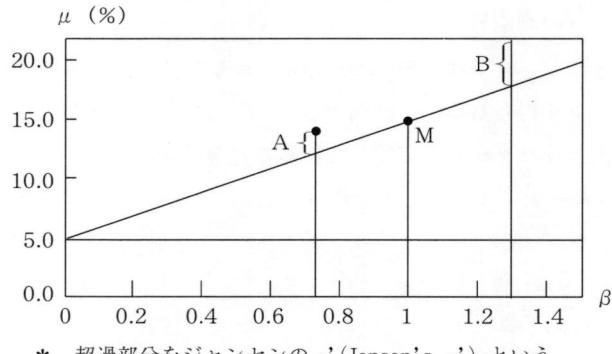

＊　超過部分をジャンセンの α'（Jensen's α'）という。

③　トレナーの測定

ＳＬＭ（証券市場線）基準として計測され，β値に対するリターンの勾配が評価基準となるから，シャープとジャンセンの測定を結合させている。

$$\theta_T^P = \frac{(\mu_P - r_f)}{\beta_P} \tag{11.3}$$

A＝（13－5）÷0.75＝10.6
B＝（21－5）÷1.3＝12.3
A＜B

[図表11.4]　トレナーの測定

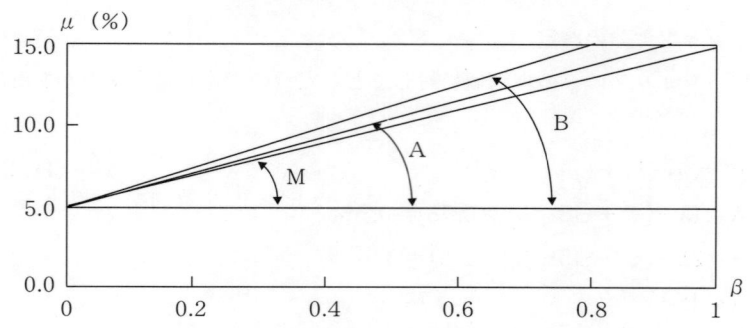

## 2 バリュー・アット・リスク

### 2.1 バリュー・アット・リスク

このバリュー・アット・リスク（VaR：value at risk）とは保有期間中に一定の確率でポートフォリオに発生し得る最大損失額を統計的に表示するリスク指標である。これは銀行のＢＩＳ規制のリスク管理から生まれたものである。まずポートフォリオのVaRの公式を示す[2]。

$$VaR = \lambda \sqrt{\tau} \cdot \sigma_p \tag{11.4}$$

$\lambda$：信頼係数　$\tau$：微小な期間　$\sigma_p$：ポートフォリオの標準偏差

（11.4）において$\lambda$を設定することにより正規分布$N(\mu, \sigma)$の信頼区間を利用して一定の確率で対応が可能となる。

［図表11.5］の事例では100でＡＢＣの３銘柄のポートフォリオを設定した際，信頼区間$\lambda$は２標準偏差であるとしたから97.73％，逆に言えば2.27％（100日に対して2.3日）の確率で損失する危険性のある金額を求めことになるので，以下のように計算できる[3]。

$$VaR = 2 \times \sqrt{\frac{1}{250}} \times 39.24 = 4.9635$$

よって，100日に2.3日（２標準偏差）の割合で4.96以上の損失が生じる可能性がある[4]。

---

[2] Jorion, P. [1997] *Value at Risk,* McGraw-Hill.
　　なお，債券の場合はデュレーションを考慮する（Ho. S. Y., Lee, S. B. [2004] *The Oxford Guide to Financial Modeling,* Oxford Uiversity Press. pp.526－535.）

[3] 　ちなみに正規分布の信頼区間の確率は１標準偏差$\sigma = 84.13\%$，$2\sigma = 97.73\%$，$3\sigma = 99.87\%$である。

[4] 　Benninga, S. [2000] *ibid.,*（同訳書, pp.243－253.）

第3部　ポートフォリオ（Portfolio）

[図表11.5]　VaRの事例

| 銘柄 | A | B | C | 組入れ比率合計 | 共分散σij | A | B | C |
|---|---|---|---|---|---|---|---|---|
| 収益率 | 0.10 | 0.15 | 0.20 | | A | 0.2 | 0.04 | 0.03 |
| 標準偏差 | 12.5 | 7.4 | 19.6 | | B | 0.040 | 0.150 | -0.040 |
| 組入れ比率 | 0.30 | 0.25 | 0.45 | 1.00 | C | 0.030 | -0.040 | 0.600 |
| 初期投資 | | | | 100.00 | | | | |
| ポートフォリオ収益率 | | | | 0.158 | | | | |
| ポートフォリオ標準偏差 | | | | 0.3924 | | | | |
| 平均投資価値 | | | | 115.75 | | | | |
| 平均投資価値の標準偏差 | | | | 39.240 | | | | |
| 1日（1年＝250営業日）損失 | | | | 4.9635 | | | | |

## 3　投資スタイル

### 3．1　投資スタイルの類型

最適ポートフォリオが市場インデックスであるが，基準であるこれはパッシブ（passive）運用といわれる。よって「市場を越える（beat the market）」投資がファンド・マネージャー（fund manager）にとっては重要な戦略となった。この方法がアクティブ（active）運用である。

[図表11.6]　投資スタイルの類型

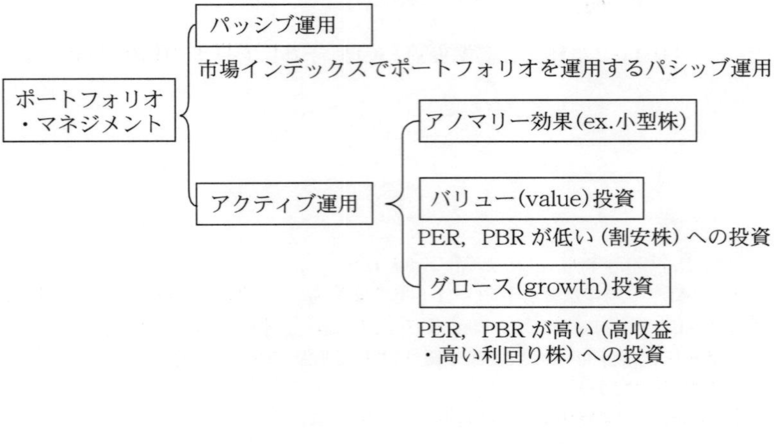

ポートフォリオ・マネジメント
- パッシブ運用
  - 市場インデックスでポートフォリオを運用するパッシブ運用
- アクティブ運用
  - アノマリー効果（ex.小型株）
  - バリュー（value）投資
    - PER，PBRが低い（割安株）への投資
  - グロース（growth）投資
    - PER，PBRが高い（高収益・高い利回り株）への投資

## 3.2 ファーマ－フレンチ・モデル

ここでは一連のファーマーフレンチ(Fama, E.F., French, K.R.:FF)[1996]モデルの中で投資スタイルの体系からなる3ファクター・モデルを紹介しよう[5]。

$$\mu_i - r_f = \alpha_i + b_i[\mu_M - r_f] + s_i \mu_{SMB} + h_i \mu_{HML} + \varepsilon_i \tag{11.5}$$

$\mu_i$：$i$ 株式の収益率　$r_f$：無リスク利子率　$\alpha_i$：定数項

$\mu_M - r_f$：市場のリスクプレミアム

$\mu_{SMB}$：（小型株－大型株）の収益率差額

$\mu_{HML}$：（バリュー株－グロース株）の収益率差額

ＦＦモデルは定数 $\alpha_i$ を除いた第1項のＣＡＰＭ（パッシブ運用），第2項の規模によるポートフォリオ（アノマリー）の収益率差，第3項の低いＢＥ（簿価の自己資本）／ＭＥ（時価の自己資本＝時価総額）と高いＢＥ／ＭＥとの収益率差（アクティブ運用）からなる。時系列分析の結果，長期的には説明能力あるモデルとしている。

## 4　国際分散投資

このポートフォリオを国際投資で応用してみよう。国内証券より外国証券を投資に組み入れることが好ましいことが［図表11.7］および［図表11.8］において示されている。費用をかけずに収益を得ることをフリー・ランチ（free-lunch）という[6]。

---

5) Fama, E.F., French, K.R. [1996] "Multifactor Explanations of Asset Pricing Anomalies," *Journal of Finance 47*, pp.426-465.
6) Solnik, B. [1974] "Why Not Diversify International Rather Than Domestically," *Financial Analysts Journal 20*, pp.48-54.
　　Jorion, P., Khoury, S.J. [1996] *Financial Risk Management : Domestic and International Dimensions*, Blackwell Publishers.（小川栄治監訳 [1999]『金融リスク管理戦略』東洋経済新報社.）

第3部　ポートフォリオ（Portfolio）

[図表11.7]　国際分散リスク

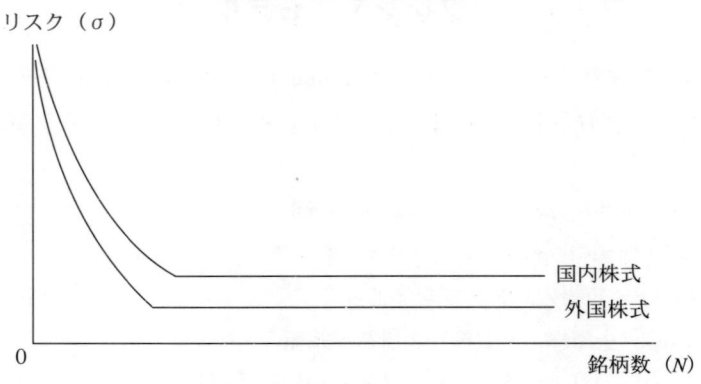

リスク（$\sigma$）

国内株式
外国株式

銘柄数（$N$）

出所：Solnik, B. [1974] p.51.

[図表11.8]　国際分散投資

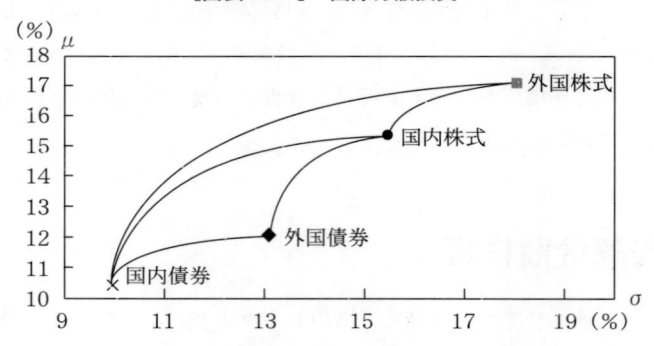

（%）$\mu$

外国株式
国内株式
外国債券
国内債券

$\sigma$

出所：Jorion, P., Khoury, S. J. [1996]（同訳書, p.201.）

# 第4部
## デリバティブ（Derivative）

# 第12章　デリバティブ

## 1　背景と定義

### 1.1　取引の背景

　1973年，世界経済は変動相場制に移行した。この移行に伴い，企業は新たに外国為替の変動という不確実性が加わることとなる。このような状況下において，ＣＭＥ（シカゴ・マーカンタイル取引所）がフリードマン（Friedman, M.）の理論的な支援のもとに為替先物取引を開始した。その後，証券市場において機関投資家現象によりマーコビッツ理論を基礎にした市場ポートフォリオ運用の盛行および国債保有増加から価格変動リスク管理として株価指数，国債の先物取引およびオプション取引が行われるようになった。

### 1.2　取引の定義

　まずデリバティブ（derivative）の種類と定義については［図表12.1］でまとめられている。さらに必要に応じて若干の補足を加える。

第4部　デリバティブ（Derivative）

**[図表12.1]　デリバティブの種類と定義**

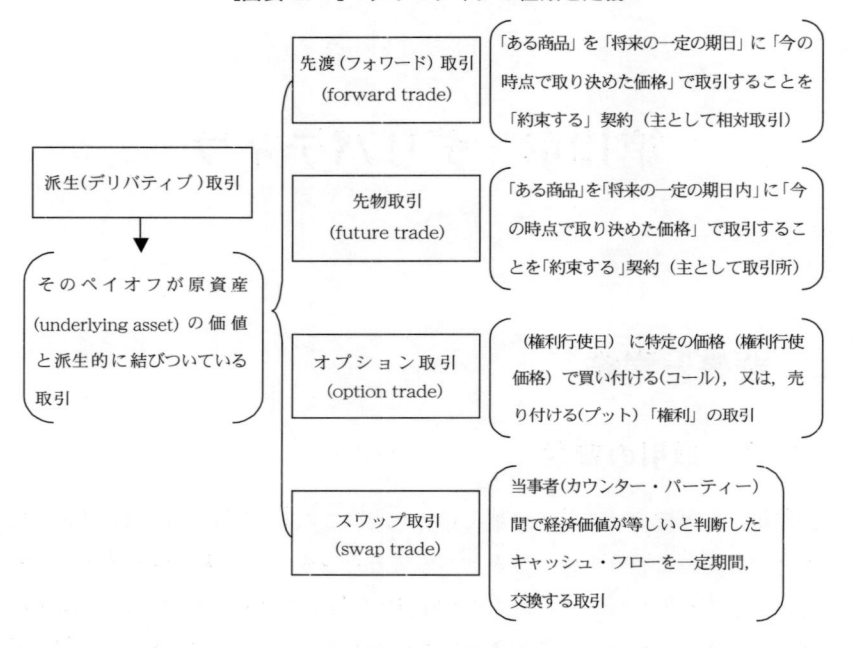

派生（デリバティブ）取引
↓
そのペイオフが原資産（underlying asset）の価値と派生的に結びついている取引

- 先渡（フォワード）取引 (forward trade)：「ある商品」を「将来の一定の期日」に「今の時点で取り決めた価格」で取引することを「約束する」契約（主として相対取引）
- 先物取引 (future trade)：「ある商品」を「将来の一定の期日内」に「今の時点で取り決めた価格」で取引することを「約束する」契約（主として取引所）
- オプション取引 (option trade)：（権利行使日）に特定の価格（権利行使価格）で買い付ける(コール)，又は，売り付ける(プット)「権利」の取引
- スワップ取引 (swap trade)：当事者（カウンター・パーティー）間で経済価値が等しいと判断したキャッシュ・フローを一定期間，交換する取引

① フォワードと先物（契約）取引

原資産の買手をロング（long：買い持ち），売り手をショート（short：売り持ち）という。

② オプション取引

コール・プットのオプション取引の値段をプレミアム（premium）という。「一定の期日」を権利行使日，「特定の価格」を権利行使価格（striking price）という。さらに行使が満期時点のみに許されるヨーロピアン・オプション（european option）と一定の期間いつでも行使できるアメリカン・オプション（american option）がある。

③ スワップ取引

金利スワップ取引と通貨スワップがあり，その取引スキームは［図表12.2］の通りである。

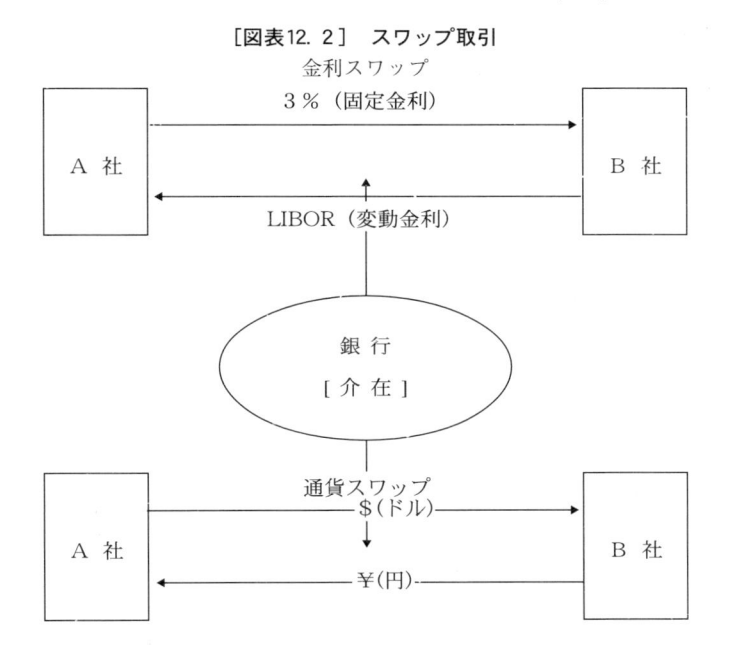

[図表12.2] スワップ取引
金利スワップ
3％（固定金利）
A 社 → B 社
← LIBOR（変動金利）

銀行
[介在]

通貨スワップ
A 社 → $（ドル） → B 社
← ¥（円） ←

　金利スワップは一般にプレイン・バニラ・スワップ（plain vanilla swap）といわれ，金利の中心はロンドン市場における銀行間出し手レート（London interbank offered rate：LIBOR）である。

　また金利支払いは想定元本（notional principal）に基づいて計算される。

# 2　理論価格

## 2.1　フォワード取引と先物取引

　ヨーロピアン型先物取引はフォワード取引価格に等しいから，いま摩擦のない市場で金利（1期間）$r$が一定の場合，現在の時点$t$で決済日$T$（$t \in [0, T]$）先物取引で原資産の価格を$S$として，現時点の先物価格を$F^*$（理論値）を離散型と連続型で示す。ただし，リスク・ニュートラルを前提とする。

第4部　デリバティブ（Derivative）

① 原資産に配当がない場合
$$F^* = S_t(1+r)^{T-t} \text{ または } F^* = S_t e^{r(T-t)} = S_t \exp[r(T-t)] \qquad (12.1)$$

② 原資産に配当 $D_t$ がある場合
$$F^* = (S_t - D_t)(1+r)^{T-t} \text{ または } F^* = (S_t - D_t)e^{r(T-t)} \qquad (12.2)$$

③ 原資産に配当率 $(d)$ がある場合
$$F^* = S_t(1+r-d)^{T-t} \text{ または } F^* = S_t e^{(r-d)(T-t)} \qquad (12.3)$$

④ 原資産に保管費用（1単位 $u$）がある場合
$$F^* = S_t(1+r+u)^{T-t} \text{ または } F^* = S_t e^{(r+u)(T-t)} \qquad (12.4)$$

(12.4)はコンビニエンス・イールド（convenience yield）と呼ばれ原資産の将来の流動性の見積りを反映した価格である。

## 2.2　オプション取引

つぎにヨーロピアン・オプション取引でコールとプットの行使価格$K$とすれば，コール・オプション$C$とプット・オプション$P$の$T$期の収益（ペイオフ）は以下のとおりとなる。

$$C = Max\left[S_T - \frac{K}{(1+r)^{T-t}},\ 0\right] \text{ または }$$

$$C = Max\left[S_T - Ke^{-r(T-t)}, 0\right] = \left[S_T - Ke^{-r(T-t)}\right]^+ \qquad (12.5)$$

$$P = Max\left[\frac{K}{(1+r)^{T-t}} - S_T,\ 0\right] \text{ または }$$

$$P = Max\left[Ke^{-r(T-t)} - S_T, 0\right] = \left[Ke^{-r(T-t)} - S_T\right]^+ \qquad (12.6)$$

## 2.3　オプション価値の分解

［図表12.3］に沿って説明をする。オプション価値は①真正価値（intrinsic value）と②時間的価値（time value）から構成されている。

①真正価値とは時間的経過から独立した価値でコールであれば $Max\,[S_T-K, 0]$ プットであれば $Max\,[K-S_T, 0]$ である。そして利益が出ているときＩＴＭ (in the money)，$S_T=K$ のときＡＴＭ (at the money)，損失のときＯＴＭ (out the money) という。

②時間的価値とは時間的経過に依存した価値（金利，価格変動（ボラティリティ））でありプレミアム－真正価値の部分である。

以上から時間（$T-t=\tau$）が長いと価格変動 $\sigma$（ボラティリティ）を伴うであろう。そして価格変動 $\sigma$ が大きいことは利得するチャンスがあることを意味する。さらに厳密にいえば $K$ は契約当初の価格であるので期間 $\tau$ までの金利 $r$ がかかる。

以上のことを考慮すると，プレミアムは以下の影響要素の関数であることが理解されよう。

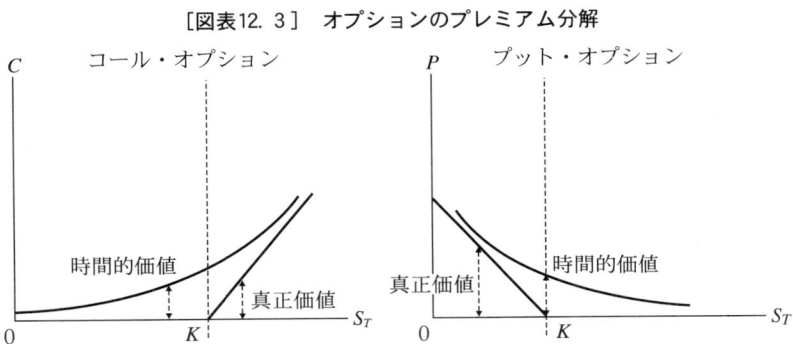

$$C=f(S, K, \tau, r, \sigma) \tag{12.7}$$

[図表12.3] オプションのプレミアム分解

## 2.4 スワップ取引

カウンター・パティーが時点 $t$ に $k$ の固定金利の受取りと，同時に変動金利を支払う金利スワップをする。このとき当該カウンター・パティーのスワップの契約終了時点 $T$ の価値 $V_T$ は

第4部　デリバティブ (Derivative)

金利スワップ

$$V_T = B_{fix} - B_{fl} \tag{12.8}$$

　　$B_{fix}$：固定利付債券の価値　　$B_{fl}$：変動利付債券の価値

通貨スワップ

$$V_T = SB_f - B_d \tag{12.9}$$

　　$S$：スポットレートの為替相場　　$B_f$：債券の外貨単位での価値
　　$B_d$：債券の自国貨単位での価値

# 3　ペイオフ

## 3.1　先物取引

簡単な事例（金利 $r = 0$）で先物取引のペイオフ・ダイアグラムを示す。
現在価格 $S_t = 10$　　先物契約価格 $F_T = 11$　　契約満期の価格 $S_T$

[図表12.4]　先物取引のペイオフ

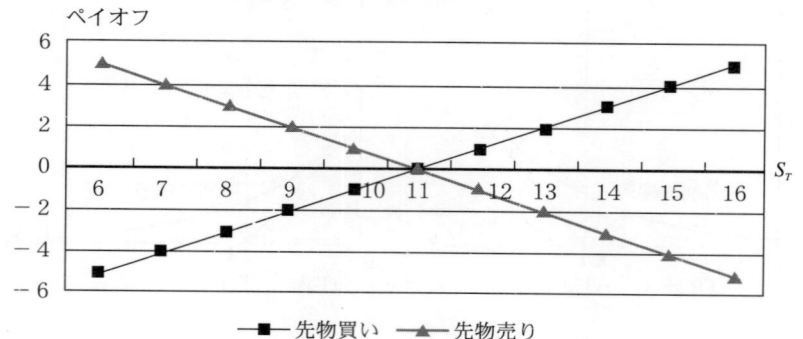

## 3.2　オプション取引

簡単な事例（金利 $r = 0$）でヨーロピアン・オプション取引のペイオフ・ダイアグラムを示す。

　現在価格 $S_t = 10$　　行使価格 $K = 11$　　契約満期の価格 $S_T$

第12章　デリバティブ

[図表12.5.1]　コール・オプションのペイオフ

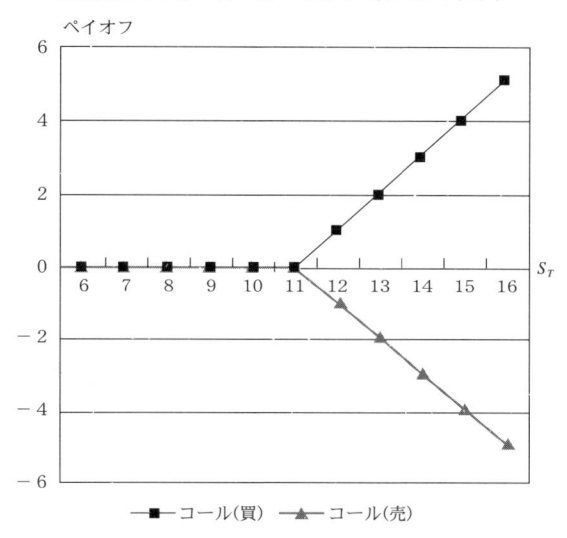

───■─── コール(買)　───▲─── コール(売)

[図表12.5.2]　プット・オプションのペイオフ

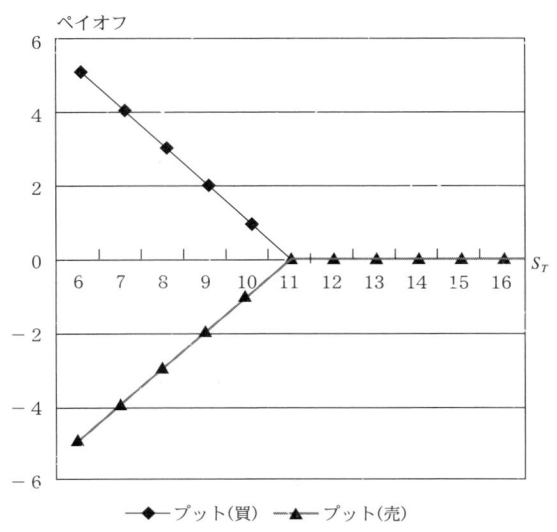

───◆─── プット(買)　───▲─── プット(売)

第4部　デリバティブ（Derivative）

## 3.3　コンビネーション

各オプション（金利 $r=0$　現在価格 $S_t=10$　行使価格 $K=11$ と 12　プレミアム 1　契約満期の価格 $S_T$）を組み合わせ（合成）することにより目的に応じたペイオフができる。

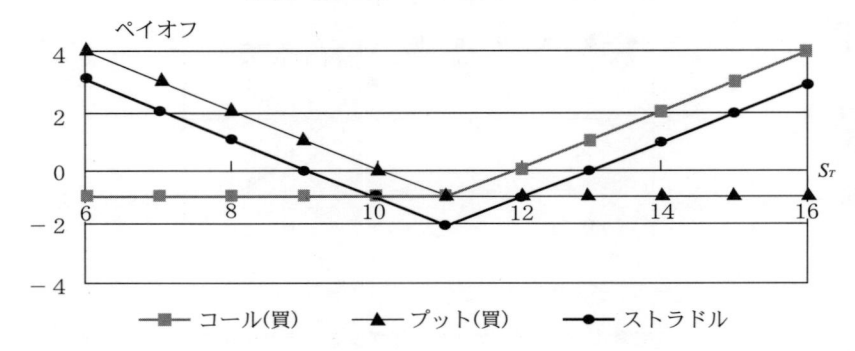

[図表12.6.1]　ストラドルのペイオフ

同一証券のコールとプットの両方のオプションのポジション投資戦略をコンビネーション（combination）という。たとえば，同じ $K$（$=11$）と満期日を持つものを対象としたストラドル（stradle）[図表12.6.1]と同じ満期日で異なる $K$（$=11\&12$）を対象としたストラングル（strangle）[図表12.6.2]などがある。

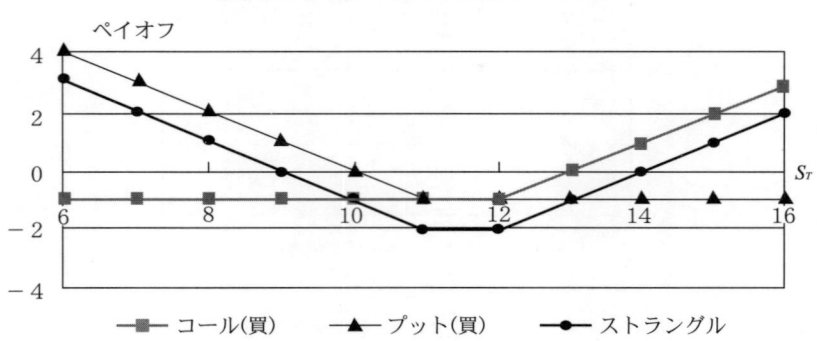

[図表12.6.2]　ストラングルのペイオフ

## 3.4 スワップ取引

固定金利と変動金利の金利スワップ取引において想定元本100（額面），契約3年，LIBORのスポット・レート予想（各年3％，3.5％，4％）のときのスワップ・レート（固定金利）を計算する。

$B_{fix} = 100x\,[e^{-0.03 \times 1} + e^{-0.035 \times 2} + e^{-0.04 \times 3}] + 100e^{-0.04 \times 3}$

$B_{fl} = 100$（利払日直後における変動金利債券の価値$B_{fl}$はその額面100に等しくなるから満期3年の$B_{fl}$の現在価値は額面100）

$B_{fix} = B_{fl}$であるから$x$(固定金利)$= 4.0534\%$である。

# 4　エキゾティック・オプション

標準的なオプションは一般にプレイン・バニラ・オプション（plain vanilla option）といわれる。それ以外にオプション設計には多くの組み合わせがある。これらのオプションをエキゾティック・オプション（exotic option）という。ここでは代表的なオプションについて簡単に紹介する[1]。

① バミューダ・オプション（Bermudan option）…権利行使期間が制限されているオプションである。ワラントなどの行使可能期間（$\bar{\tau}$）もこれに相当する。このペイオフは $[S_{\bar{\tau}} - K]^+$ である。

② 選択者オプション（chooser option）…"as you like it（お好きのように）"一定の期間後，コールかプットを選択できるオプションである。そのペイオフは $Max\,[C_T, P_T]$ である。

③ コンパウンド・オプション（compound option）…原資産がオプションになっているオプションである[2]。オプショナル・オプションともいわれる。

---

1) Hull, J.C. [1989] *ibid.,* 同訳書, pp.637-684.
辰巳憲一 [2005]『金融・証券市場分析の理論』中央経済社, pp.229-266.
2) リアル・オプション(real option)にはよく利用される。Copeland, T., Antikarov, V. [2001] *Real Option,* TEXECRE LLC.（栃本克之監訳 [2002]『リアル・オプション』東洋経済新報社, pp.167-182.）

第 4 部　デリバティブ (Derivative)

たとえば call on call の事例では，最初のコール・オプション（権利行使価格 $K_1$）で買う権利を持つ。その後，第 2 のコール・オプション（権利行使価格 $K_2$）で原資産を買う権利を持つから，そのペイオフは $[S_1-K_1]^+ + [S_2-K_2]^+$ である。

④　エクスチェンジ・オプション（exchange option）…このオプションを保有すると，指定された証券（たとえば証券Aから証券Bへ）に交換できる権利を取得できるオプションである。そのペイオフは $[S_B-S_A]^+$ である。

⑤　ノックアウト・オプション（knockout option）…原資産の価格がある価格を超える時点で価値がゼロ（すなわち取引終了）になる。上限のとき（up and out），下限のとき（down and out）という。またリベート付きのときは一定以上に原資産の価格になると，そのまま固定される。

[図表12.7.1]　ノックアウト・オプションのペイオフ

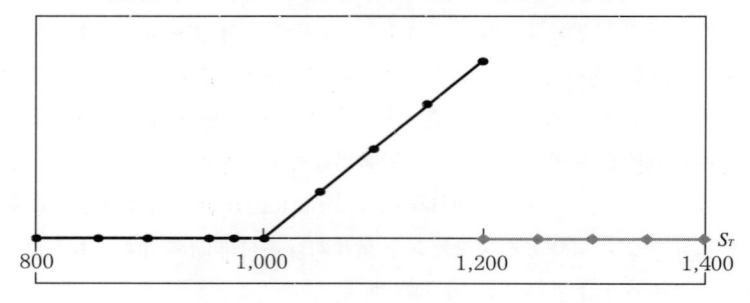

[図表12.7.2]　リベート付きノックアウト・オプションのペイオフ

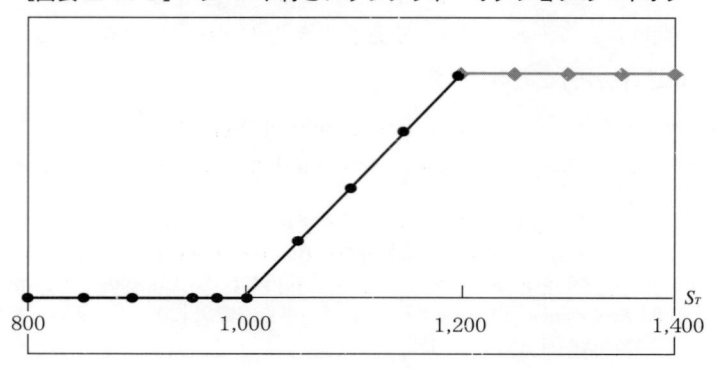

⑥ ルックバック・オプション（lookback option）…契約時には権利行使価格が特定されず，コールの場合には原資産の最低価格が行使価格となるオプションである。そのペイオフは $[S_T-S_{min}]^+$ となる。逆にプットの場合には原資産の最高価格が行使価格となる。そのペイオフは $[S_{max}-S_T]^+$ となる。

⑦ アジアン・オプション（asian option）…オプション契約期間中の原資産の平均価格 $S_{avg.}$ と権利行使価格 $K$ からなるオプションである。よってコール・オプションのペイオフは $[S_{avg.}-K]^+$ である。

⑧ デジタル・オプション（digital option）…たとえば，ペオオフが $S_T>K$ のとき 1，$S_T<K$ のときは 0 となるオプションである。

第4部　デリバティブ（Derivative）

# 第13章　オプション・モデル

## 1　CRRモデル

### 1.1　2項ツリー

コックス－ロス－ルービンシュタイン（Cox, J.C., Ross, S.A., Rubinstein, M.：CRR）によるオプション・モデルは［図表13.1］で示した2項ツリー（binomial tree）の乗法確率過程（$t \in [0,T]$）から出発する[1]。

$S_0=100$：株価　　$C$：コール・オプション価値　　$K=100$：行使価格
$u=1.2$：株価上昇率　　$d=0.8$：株価下落率
$r=10\%$：無リスク資産の金利（1期間）

ただし $p=\dfrac{(1+r)-d}{u-d}$ であり，これはリスク中立確率測度に相当する。

［図表13.1］　コール・オプションの価値

$$
S \begin{cases} \xrightarrow{p} 20(=C_u)=Max[uS-K,0] \begin{cases} \xrightarrow{p} 44(=C_{uu})=Max[u^2S_0-K,0] \\ \xrightarrow{1-p} 0(=C_{ud})=Max[udS_0-K,0] \end{cases} \\ \xrightarrow{1-p} 0(=C_d)=Max[dS-K,0] \begin{cases} \xrightarrow{p} 0(=C_{ud})=Max[udS_0-K,0] \\ \xrightarrow{1-p} 0(=C_{dd})=Max[d^2S_0-K,0] \end{cases} \end{cases}
$$

---

[1]　Cox, J.C., Ross, S.A., Rubinstein, M. [1979] "Option Pricing：A Simplified Approach," *Journal of Financial Economics 7*, pp. 229-263.
　　Cox, J.C., Rubinstein, M. [1985] *Option Markets*, Prentice-Hall.（仁科一彦監訳［1988］『オプションマーケット』HBJ出版局.）

[図表13.1]から２期の後ヨーロピアン・コール・オプションの価値は以下のように表される。

$$C_u = \frac{pC_{uu}+(1-p)C_{ud}}{1+r} \qquad C_d = \frac{pC_{ud}+(1-p)C_{dd}}{1+r} \qquad (13.1)$$

であるから

$$C = \frac{pC_u+(1-p)C_d}{1+r} = \frac{p^2C_{uu}+2p(1-p)C_{ud}+(1-p)^2C_{dd}}{(1+r)^2} \qquad (13.2)$$

$$= [p^2 Max(u^2S_0-K, 0) + 2p(1-p) Max(udS_0-K, 0)$$
$$+ (1-p)^2 Max(d^2S_0-K, 0)] \div (1+r)^2 \qquad (13.3)$$

を得る。

## 1.2　ＣＲＲモデル

いま２項ツリーで０〜$T$期までに上昇する回数を$n$とすれば
そのコール・オプションの価値は

$$Max[u^n d^{T-n} S_0 - K, 0] \qquad (13.4)$$

である。その価値の確率は次式となる。

$$B(n|T, p) = {}_TC_n p^n q^{(T-n)} = \frac{T!}{T!(T-n)!} p^n (1-p)^{(T-n)} \qquad (13.5)$$

　$B(\cdot)$：２項分布関数

(13.4)と(13.5)を統合すると(13.6)になる。

$$C = \left[\sum_{n=0}^{T}\left(\frac{T!}{n!(T-n)!}\right)p^n(1-p)^{(T-n)} Max(u^n d^{T-n} S_0 - K, 0)\right]$$
$$\div (1+r)^T \qquad (13.6)$$

いま上記式で$T$期後にコール・オプションがin-the-money（株価が行使価格より高い状況）になるために，株価が$T$期間中に上昇する必要のある回数の最小値を$a$とする。すなわち$a$は$u^a d^{T-a} S_0 > K$となる最小の非負整数と定義できるから $a$ は $\dfrac{\log(K/S_0 d^T)}{\log(u/d)}$ より大きい最小の非負整数であるとする。

さらに(13.6)を以下のように展開する。

第4部　デリバティブ（Derivative）

$$C = \left[\sum_{n=a}^{T} (\frac{T!}{n!(T-n)!}) p^n (1-p)^{(T-n)} (u^n d^{T-n} S_0 - K)\right] \div (1+r)^T$$

$$= S_0 \left[\sum_{n=a}^{T} (\frac{T!}{n!(T-n)!}) p^n (1-p)^{(T-n)} \frac{u^n d^{T-n}}{(1+r)^T}\right]$$

$$-K(1+r)^{-T} \left[\sum_{n=a}^{T} (\frac{T!}{n!(T-n)!}) p^n (1-p)^{(T-n)}\right] \quad (T \geq a) \quad (13.7)$$

さらに　$p' = \left[\dfrac{u}{1+r}\right] p$　とすると　$p' - 1 = \left[\dfrac{d}{1+r}\right](p-1)$

$$p^n (1-p)^{(T-n)} \frac{u^n d^{T-n}}{(1+r)^T} = (p')^n (1-p')^{T-n}$$

となり，ヨーロピアン・コール・オプションの価値として次式を得る。

$$C = S_0 \cdot B(T \geq a | T, p') - K(1+r)^{-T} \cdot B(T \geq a | T, p) \quad (13.8)$$

ただし

$$p = \frac{(1+r)-d}{u-d} \quad p' = \left[\frac{u}{1+r}\right]p \quad a \geq \frac{\log(K/S_0 d^T)}{\log(u/d)} \geq 0 \text{（整数）}$$

また　　$a > T \rightarrow C = 0$ \hfill (13.9)

## 2　B－Sモデル

つぎにブラック－ショールズ（Black, F., Scholes, M.）モデル（以下，B－Sモデル）について同値マルチンゲール変換の方法から導出ストーリーを紹介する[2]。

---

2）　Black, F., Scholes, M. [1972] "The Valuation of Options and Corporate Liability," *Journal of Political Economy 81*. pp.737－654. B－Sモデルの原典は熱伝導方程式から定式化された。B－Sモデルのマルチンゲールによる変換の厳密な展開については，以下に掲げた参考文献を利用するとよい。
　　田畑吉雄 [2001]『金融工学入門』エコノミスト社．
　　津野義道 [2001]『ファイナンスのための確率積分』共立出版．
　　Hull, J.C. [1997] *ibid.*, （同訳書．）

第13章　オプション・モデル

## 2.1　境界条件の価値

ヨーロピアン・コール・オプションの境界条件の価値（$C_T$）（$t \in [0, T]$）は以下のように定義できる。

$$C_T = e^{-rT}[S_T - K]^+ = Max\left\{e^{-rT}[S_T - K, \ 0]\right\} \qquad (13.10)$$

　　$K$＝権利行使価格

## 2.2　証券価格モデル

証券価格は以下の確率過程を仮定する。

株式（幾何ブラウン運動）

$$dS_t = \mu S_t\, dt + \sigma S_t dB_t \qquad (13.11)$$

$$\frac{dS_t}{S_t} = \mu dt + \sigma dB_t$$

債　券

$$d\beta_t = r\beta_t dt \qquad (13.12)$$

（13.11）と（13.12）の一般解は伊藤のレンマ（Ito's lemma）を利用すれば，以下のとおりとなる[3]。

---

　　Mikosch, T. [1998] *Elementary Stochastic Calculus with Finance in View*, World Scientific Publishing.（遠藤靖訳 [2000]『ファイナンスのための確率微分方程式』東京電気大学出版局.）

　　Neftci, S. N. [1988] *ibid.*,（同訳書.）

　　Karazas, I., Shreve, S. E. [1998] *Brownian Motion and Stochastic Calculus*. Springer-Verlag New-York.（渡邊壽夫訳 [2001]『ブラウン運動と確率積分』シュプリンガー・フェアラーク東京.）（上級者用）

3）　$a=\{a(X_t, t)\}$, $b=\{b(X_t, t)\}$ として下記のような連続的な確率過程 $\{X_t\}$ を微分形式で表記された $dX_t = adt + bdB_t$（$\{B_t\}$ はブラウン運動）に従うとき確率過程を伊藤プロセス（Ito Process）という。「伊藤のレンマ」とは伊藤プロセス $X_t = x$ を関数 $f(x, t)$ の連続な 2 次偏導関数として，テーラー展開で解いた公式である。

$$df = \left(\frac{\partial f}{\partial x}a + \frac{\partial f}{\partial t} + \frac{1}{2}\frac{\partial^2 f}{\partial^2 x}b^2\right)dt + \frac{\partial f}{\partial x}bdB_t$$

第4部　デリバティブ（Derivative）

株　式
$$S_t = S_0 \exp\left[\left(\mu - \frac{\sigma^2}{2}\right)t + \sigma B_t\right] \tag{13.13}$$

債　券
$$\beta_t = \exp(rt) \tag{13.14}$$

$S_t$：$t$ 期の株価　　$\beta_t$：$t$ 期の無リスク資産　　$\mu$：平均収益率
$\sigma$：ボラティリティ　$B_t$：確率測度 $P$ のもとでのブラウン運動
$r$：無リスク金利　　$T$：行使時期（満期）

## 2.3　オプションの複製と割引価格過程

動的補完市場を前提にすればオプションは条件付請求権 $C_T$ として2証券（株式 $S_t$ と無リスク資産 $\beta_t$）からなるポートフォリオ $V_t$ の複製（その取引戦略 $(a_t, b_t)$）が可能である。

$$V_t = a_t S_t + b_t \beta_t \tag{13.15}$$

さらに $V_t$ は自己資金ポートフォリオ（self-financing portfolio）を充足すると仮定すれば次式を充足する。

$$dV_t = (a_t \mu S_t + b_t r \beta_t) dt + a_t \sigma S_t dB_t \tag{13.16}$$

---

ただし，この公式のみで (13.11)(13.12) の解を直ちに求めることは難しいので，参考文献を参照されたい。たとえば $dS_t = \mu S_t dt + \sigma S_t dB_t$ については $f(S,t) = \log S$ として，この公式を利用すれば以下のとおりである。

$$df = \left[S_t^{-1} \mu S_t + 0 + \frac{1}{2}(-S_t^{-2})\sigma^2 S_t^2\right]dt + (S_t^{-1})\sigma S_t dB_t$$

$$= \left[\left(\mu - \frac{1}{2}\sigma^2\right)dt + \sigma dB_t\right]$$

$$\frac{\partial f}{\partial S_t} = S_t^{-1} \quad \frac{\partial^2 f}{\partial^2 S_t} = S_t^{-2} \quad \frac{\partial f}{\partial t} = 0$$

$$df = \Delta \log S = \log S_t - \log S_0 = \log \frac{S_t}{S_0}$$

$$\log \frac{S_t}{S_0} = \left(\mu - \frac{1}{2}\sigma^2\right)dt + \sigma dB_t \quad S_t = S_0 \exp\left[\left(\mu - \frac{1}{2}\sigma^2\right)t + \sigma B_t\right]$$

つぎに（13.13）から（13.15）の割引価格過程を考える。

$$\widetilde{S}_t = e^{-rt} S_t \tag{13.17}$$

$$\widetilde{\beta}_t = e^{-rt} \beta_t \tag{13.18}$$

$$\widetilde{V}_t = e^{-rt} V_t = e^{-rt}(a_t S_t + b_t \beta_t) = (a_t \widetilde{S}_t + b_t \widetilde{\beta}_t) \tag{13.19}$$

再び伊藤のレンマを利用すると次式が得られる。

$$d\widetilde{S}_t = \sigma \widetilde{S}_t \left( \frac{\mu - r}{\sigma} dt + dB_t \right) \tag{13.20}$$

$$d\widetilde{\beta}_t = \beta_0 \tag{13.21}$$

$$d\widetilde{V}_t = -r\widetilde{V}_t dt + e^{-rt} dV_t = \sigma a_t \widetilde{S}_t \left( \frac{\mu - r}{\sigma} dt + dB_t \right) \tag{13.22}$$

## 2.4 マルチンゲールへの変換

**マルチンゲールへの変換 I**

（13.20）と（13.22）についてリスク中立確率測度$Q$のもとでブラウン運動（$\widetilde{B}_t$）へ変換してドリフト項を除去すると（$\widetilde{S}_t$）と（$\widetilde{V}_t$）は（$\widetilde{B}_t$）によるマルチンゲールの表現定理でもある確率積分となる（$S_0$と$V_0$は定数で考慮しなくてよい）[4]。

$$d\widetilde{S}_t = \sigma \widetilde{S}_t d\widetilde{B}_t \rightarrow \widetilde{S}_t = \widetilde{S}_0 + \sigma \int_0^t \widetilde{S}_s d\widetilde{B}_s \tag{13.23}$$

$$d\widetilde{V}_t = \sigma a_t \widetilde{S}_t d\widetilde{B}_t \rightarrow \widetilde{V}_t = \widetilde{V}_0 + \sigma \int_0^t a_s \widetilde{S}_s d\widetilde{B}_s \tag{13.24}$$

$$\widetilde{B}_t = \left( \frac{\mu - r}{\sigma} \right) t + B_t \tag{13.25}$$

**マルチンゲールへの変換 II**

コール・オプション$C$の複製ポートフォリオの割引価格過程$V_t$は満期$T$において$V_T$と表記し直す。

$$C_T = e^{-rT}[S_T - K]^+ = Max\{e^{-rT}[S_T - K, 0]\} \tag{13.10 再掲}$$

---

[4] 以上の変換はラドン-ニコデム微分を基礎にしたギルザノフの定理（Girsanov theorem）から与えられる。

第4部　デリバティブ（Derivative）

$$V_T = [S_T - K]^+ \qquad \widetilde{V}_T = e^{-rT} V_T \tag{13.26}$$

$\widetilde{V}_t$ は確率測度 $Q$ のもとでマルチンゲールである。

$$\widetilde{V}_t = E^Q[\widetilde{V}_T \mid \mathcal{F}_t]$$

$$\widetilde{V}_t = E^Q[\widetilde{V}_T \mid \mathcal{F}_t] = E^Q[e^{-rT} V_T \mid \mathcal{F}_t]$$

$$= E^Q\{e^{-rt} e^{-r(T-t)} [S_T - K]^+ \mid \mathcal{F}_t\}$$

$$= e^{-rt} E^Q\left\{e^{-r\tau}[S_t e^{(r-0.5\sigma^2)\tau + \sigma(\widetilde{B}_T - \widetilde{B}_t)} - K]^+\right\} \quad (T-t = \tau) \tag{13.27}$$

$$V_t = E^Q\left\{e^{-r\tau}[S_t e^{(r-0.5\sigma^2)\tau + \sigma(\widetilde{B}_T - \widetilde{B}_t)} - K]^+\right\} \tag{13.28}$$

なお（13.27）は（13.25）の $B_T - B_t = \widetilde{B}_T - \widetilde{B}_t - \left(\dfrac{\mu - r}{\sigma}\right)\tau$ を（13.13）に代入すればよい。

## 2．5　標準正規分布の累積密度関数の適用

（13.28）においてはリスク中立確率測度 $Q$ に基づく右辺第1項の $h(S)$ の関数の（$\widetilde{B}_T - \widetilde{B}_t$）は正規分布 $N(0, \tau)$ に従っている。ここでコール・オプションであるので $V_t^c$ と再表記する。

したがって（13.28）を正規分布関数 $\phi(\cdot)$ を用いて表せば

$$V_t^c = \int_{-\infty}^{\infty} [S_t e^{-0.5\sigma^2\tau + \sigma y} - K e^{-r\tau}]^+ \phi(y) dy \tag{13.29}$$

ただし $\phi(y) = \dfrac{1}{\sqrt{2\pi\tau}} e^{\left(-\frac{1}{2}\frac{y^2}{\tau}\right)}$

であるから

いま $\dfrac{y}{\sqrt{\tau}} = z$ として変数変換すると標準正規分布 $z \sim N(0,1)$ になるから

$$\phi(z) = \dfrac{1}{\sqrt{2\pi}} e^{\left(-\frac{1}{2} z^2\right)} \tag{13.30}$$

を得る。

そこで（13.30）を用いて（13.29）を置き換える。

$$V_t^c = \int_{-\infty}^{\infty} [S_t e^{-0.5\sigma^2\tau + \sigma z\sqrt{\tau}} - K e^{-r\tau}]^+ \phi(z) dz \tag{13.31}$$

第13章　オプション・モデル

(13.31)においてゼロ以上からなる積分区分を求めるため［・］＝0として

$$z^* = \frac{1}{\sigma\sqrt{\tau}}\left\{\log\frac{K}{S_t} - \left(r - \frac{1}{2}\sigma^2\right)\tau\right\} \tag{13.32}$$

が求まる。積分区分は $[z, \infty)$ を用いて，(13.30) から (13.31) を再計算する。

$$\begin{aligned}V_t^c &= \frac{S_t}{\sqrt{2\pi}}\int_{z^*}^{\infty} e^{-\frac{1}{2}z^2 + \sigma z\sqrt{\tau} + \left(-\frac{\sigma^2}{2}\right)\tau} dz - e^{-r\tau}K\int_{z^*}^{\infty}\phi(z)dz \\ &= \frac{S_t}{\sqrt{2\pi}}\int_{z^*}^{\infty} e^{-\frac{(z-\sigma\sqrt{\tau})^2}{2}} dz - e^{-r\tau}K\int_{z^*}^{\infty}\phi(z)dz \\ &= S_t\int_{z^*}^{\infty}\phi(z-\sigma\sqrt{\tau})dz - e^{-r\tau}K\int_{z^*}^{\infty}\phi(z)dz\end{aligned} \tag{13.33}$$

(13.33) を標準正規分布の累積密度関数 $\Phi(\cdot)$ を用いて，以下のように展開する[5]。

第2項：$e^{-r\tau}K\int_{z^*}^{\infty}\phi(z)dz = e^{-r\tau}K\int_{-\infty}^{-z^*}\phi(z)dz$
$\qquad\qquad = e^{-r\tau}K\Phi(-z^*)$ \hfill (13.34)

第1項：$S_t\int_{z^*}^{\infty}\phi[(z-\sigma\sqrt{\tau})]dz = S_t\int_{-\infty}^{-z^*}[(z-\sigma\sqrt{\tau})]dz$
$\qquad\qquad = S_t\Phi[-(z^*-\sigma\sqrt{\tau})]$

つぎに $-\log\left(\frac{K}{S_t}\right) = \log\left(\frac{S_t}{K}\right)$ として (13.32) を利用して (13.34) を以下のように表す。

$$-(z^* - \sigma\sqrt{\tau}) = \frac{1}{\sigma\sqrt{\tau}}\left[\log\frac{S_t}{K} + \left(r + \frac{1}{2}\sigma^2\right)\tau\right] = d_1$$

$$-z^* = d_1 - \sigma\sqrt{\tau} = \frac{1}{\sigma\sqrt{\tau}}\left[\log\frac{S_t}{K} + \left(r - \frac{1}{2}\sigma^2\right)\tau\right] = d_2$$

よって

$$V_t^c = S_t\Phi(d_1) - Ke^{-r\tau}\Phi(d_2) \tag{13.35}$$

---

5) $\phi(x) = \phi(-x)$　$\int_{z^*}^{\infty}\phi(x)dx = \int_{-\infty}^{-z^*}\phi(x)dx$
$\int_{-\infty}^{-z^*}\phi(x)dx = \Phi(-z^*)$　$\Phi(z^*) = 1 - \Phi(-z^*)$

第4部　デリバティブ（Derivative）

$$d_1 = \frac{\log\left(\frac{S_t}{K}\right) + \left(r + \frac{1}{2}\sigma^2\right)\tau}{\sigma\sqrt{\tau}} \qquad d_2 = d_1 - \sigma\sqrt{\tau}$$

となる。

（13.35）がヨーロピアン・コール・オプションのB－Sモデルである。

ヨーロピアン・プット・オプションのB－Sモデルは次章で説明するプット・コール・パリティ（put-call parity）から以下のように求められる[6]。

$$V_t^p = -S_t \Phi(-d_1) + Ke^{-r\tau}\Phi(-d_2) \tag{13.36}$$

## 3　オプション・モデルの特性

### 3.1　CRRモデルとB－Sモデルの関係

CRRモデルでは$T$期（満期）の株価$S^*$とすれば$S^* = u^j d^{T-j} S_0$（$j = 0, 1, 2 \cdots n$）であるから対数をとると

$$\log\left(\frac{S^*}{S_0}\right) = j \log\left(\frac{u}{d}\right) + T \log d \tag{13.37}$$

である。

いま$T$を$m$等分した$\frac{T}{m} = \Delta t$（1単位期間）について$m \to \infty$とする。もし（13.37）において

$$u = e^{\sigma\sqrt{\Delta t}} \qquad d = e^{-\sigma\sqrt{\Delta t}}$$

の関係があれば$\log\left(\frac{S^*}{S_0}\right)$は正規分布に従う[7]。これらを前提にCRRモデルは

$$B(T \geq a \mid T, p') \to \Phi(d_1)$$
$$B(T \geq a \mid T, p) \to \Phi(d_2)$$

---

6) $V_t^p = V_t^c - S_t + Ke^{-r\tau} = S_t\Phi(d_1) - Ke^{-r\tau}\Phi(d_2) - S_t + Ke^{-r\tau}$
　　$= -S_t[1 - \Phi(d_1)] + Ke^{-r\tau}[1 - \Phi(d_2)]$
　　$= -S_t\Phi(-d_1) + Ke^{-r\tau}\Phi(-d_2)$
7) Cox, J.K., Rubinstein, M. [1985] *ibid.*,（同訳書, pp. 208−210.）

を導くことにより，B－Sモデルと一致することが証明できる。要するに乗法2項過程のCRRモデルの極限がB－Sモデルである。

## 3.2　B－Sモデルの特性

コール・オプションについて，B－Sモデルの基本は $\log \dfrac{S_t}{K}$ とあるから，その他のパラメータを一定とすれば

$$\log \frac{S}{K} = \begin{pmatrix} -\infty \\ 0 \\ 1 \\ +\infty \end{pmatrix} \rightarrow \frac{S}{K} = \begin{pmatrix} 0 \\ 1 \\ e \\ +\infty \end{pmatrix} \tag{13.38}$$

$$\begin{cases} S>K\text{のとき}\ (\Phi(\cdot) \to 1) & V_t^C = S - Ke^{-r\tau} \\ S<K\text{のとき}\ (\Phi(-\cdot) \to 0) & V_t^C = 0 \end{cases}$$

となる。

## 3.3　B－Sモデルのグリークス

$V_t^c$ と $V_t^p$ は5つのパラメーター $f(S, K, \tau, r, \sigma)$ により変化することがわかる。そこでこれらのパラメーターがオプション価格にどのように影響を与えるか整理する。その結果はギリシャ語（greeks）で呼ばれている。そこで次章で用いる原資産価格 $S$ の変化に対するオプション価格の変化 $\Delta$（デルタ），$\Delta$ の $S$ の変化率 $\Gamma$（ガンマ）について計算する。

$$\Delta^C = \frac{\partial V_t^c}{\partial S_t} = \Phi(d_1) > 0 \qquad \Delta^P = \frac{\partial V_t^P}{\partial S_t} = \Phi(d_1) - 1 < 0 \tag{13.39}$$

$$\Gamma^C = \frac{\partial \Delta}{\partial S_t} = \frac{\partial \Phi(d_1)}{\partial S_t} = \frac{\Phi'(d_1)}{S_t \sigma \sqrt{\tau}} > 0$$

$$\Gamma^P = \frac{\partial \Delta}{\partial S_t} = \frac{\partial [\Phi(d_1) - 1]}{\partial S_t} = \frac{\Phi'(d_1)}{S_t \sigma \sqrt{\tau}} > 0$$

ただし $\Phi'(d_1) = \dfrac{1}{\sqrt{2\pi}} \cdot e^{-\frac{d_1^2}{2}}$

第4部　デリバティブ（Derivative）

さらに行使価格（$K$）の変化に対するオプション価格の変化は以下のとおり。

$$\frac{\partial V_t^c}{\partial K}=-e^{-r\tau}\Phi(d_2)<0 \qquad \frac{\partial V_t^p}{\partial K}=e^{-r\tau}[1-\Phi(d_2)]>0$$

同様に各パラメーターをオプション価格で偏微分すると［図表13.2］の結果を得る。

［図表13.2］　パラメーターとオプション価格の関係

| パラメーター　　　　　　（呼び名） | コール | プット |
|---|---|---|
| ① 基礎商品の価格（$S$）（$\Delta$ デルタ） | ＋ | － |
| ② 権利行使価格（$K$） | － | ＋ |
| ③ ボラティリティ（$\sigma$）（$\nu$ ベガ） | ＋ | ＋ |
| ④ 金利（$r$）　　　　　（$\rho$ ロー） | ＋ | － |
| ⑤ 期間（$\tau$）　　　　　（$\Theta$ シータ） | － | ＋－ |

## 3.4　インプライド・ボラティリティとボラティリティ・スマイル

B－Sモデルのヨーロッピアン・オプションのパラメーター$f(S,K,\sigma,r,\tau)$において$S,K,r,\tau$については明確に情報が得られるが，将来の期間のボラティリティ$\sigma$について過去のボラティリティ（historical volatility）を推定して使用される。その方法として市場で観測されたオプション価格から逆に$\sigma$を推測する方法がある。これをインプライド・ボラティリティ（implied volatility）$\hat{\sigma}$という。実際に計算されたインプライド・ボラティリティと価格行使の関係をプロットするとボラティリティ・スマイル（volatility smile）といわれる現象が起きる[8]。［図表13.3］の示唆するところは in-the-money および out-the-money は at-the-money の100から遠のくとボラティリティが高くなっている。この原因として，ルービンスタイン（Rubinstein, M.）は1987年10月ク

---

8) Fouque, J. P., Papaniclaou, G, and Sircar, K. R. [2000] *Derivatives Financial Markets With Stochastics Volatility*, Cambidge.

第13章　オプション・モデル

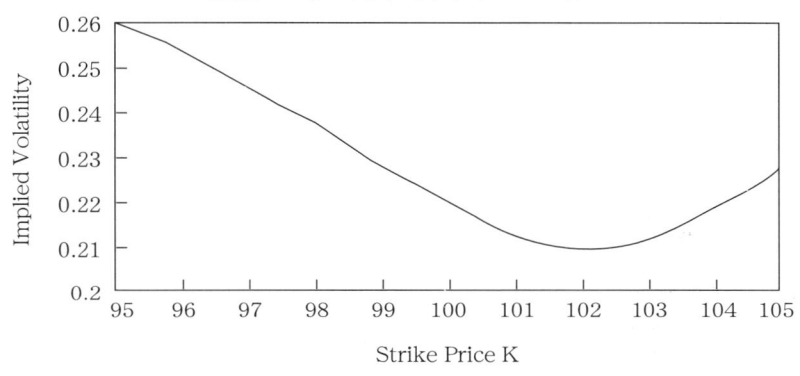

[図表13.3] ボラティリティ・スマイル

Fouque et al[2000]p.35.（Current Stok Price＝100）

ラッシュにこうした現象が起きたことから彼はクラッシュの後遺症であるとしたが，モンティア（Montier, J.）はプロスペクト理論から低い確率に対する過大評価の結果であるとした[9]。

## 4　B－Sモデルのシミュレーション

### 4.1　計 算 方 法

以下，Excelによる計算例［図表13.4］を示す[10]。

行使期間 $\tau$ は1年52週のうち20週として計算している。

---

9) Rubinstein, M.[1994]"Presidental Address：Implied Binomial Trees", *Journal of Finance 49*, pp.771－818.
 Montier, J.[2005]Behavioral Finance, John Wiley&Sons.（真壁昭夫監訳［2005］『行動ファイナスの実践』ダイヤモンド社，p.36.）
10) Jackson, M. Stauton, M.[2001] *Advanced Modelling in Fianace using Excel and VBA*. John Wiley&Sons.（近藤正紘監修［2004］『ExcelとＶＢＡで学ぶ先端ファイナスの世界』Pan Rolling, pp.335－355.）

第4部　デリバティブ（Derivative）

**[図表13.4]**　B－Sモデルの計算例

| | A | B | C | D | E |
|---|---|---|---|---|---|
| 1 | B－S Option model | | | | |
| 2 | S | 35.5 | | | |
| 3 | K | 35.0 | | BS value(Vc) | 2.372 |
| 4 | r | 5% | | | |
| 5 | τ | 0.3846 | (20/52)week | $d_1$ | 0.331 |
| 6 | σ | 20% | | $\Phi(d_1)=\Delta C$ | 0.630 |
| 7 | Ln(S/K) | 0.014 | | $1-\Phi(d_1)=\Phi(-d_1)$ | 0.370 |
| 8 | $(r-0.5*\sigma^2)\tau$ | 0.012 | | $\Phi(d_1)-1=\Delta P$ | 0.370 |
| 9 | $(r+0.5*\sigma^2)\tau$ | 0.027 | | | |
| 10 | $r*sqrt(\tau)$ | 0.031 | | $d_2$ | 0.207 |
| 11 | Exp(-rτ) | 0.981 | | $\Phi(d_2)$ | 0.582 |
| 12 | $\sigma*sqrt(\tau)$ | 0.124 | | $1-\Phi(d_2)=\Phi(-d_2)$ | 0.418 |

セル E6 の数式: =NORMSDIST(E5)

## 4.2　B－Sモデルのシミュレーション

　[図表13.4]の事例から（13.35）と（13.36）のB－Sモデルと境界条件式（ただし$K$は$Ke^{-r\tau}$に置き換えて）の株価の300の乱数（ランダム）を使い，シミュレーションを行った結果が[図表13.5]である。

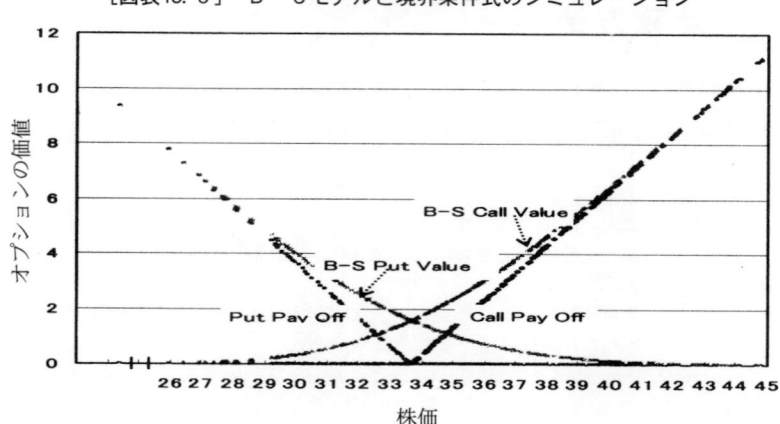

**[図表13.5]**　B－Sモデルと境界条件式のシミュレーション

# 第14章　デリバティブ・マネジメント

## 1　裁定取引

### 1.1　先物取引の裁定

先物市場において裁定（arbitrage）取引（鞘取引）が行われない効率的市場であるための無裁定条件（arbitrage-free condition）は

$$F_t^* = S_t e^{(r-d)(T-t)} \tag{14.1}$$

　　$F_t$：$t$ 期の先物価格　　$S_t$：現物価格　　$r$：長期金利

　　$d$：1株当たり配当率

である。

満期期日には $S_t = F_t^* = F_t$ となるが，その間，実際の $F_t$ は理論値 $F_t^*$ から往々に乖離する。

こうした時は裁定取引が生じる。これを［図表14.1］のように $F_t > F_t^*$ と $F_t < F_t^*$ に分けて裁定取引を考えてみよう。

第4部　デリバティブ（Derivative）

[図表14.1]　裁定取引の機会

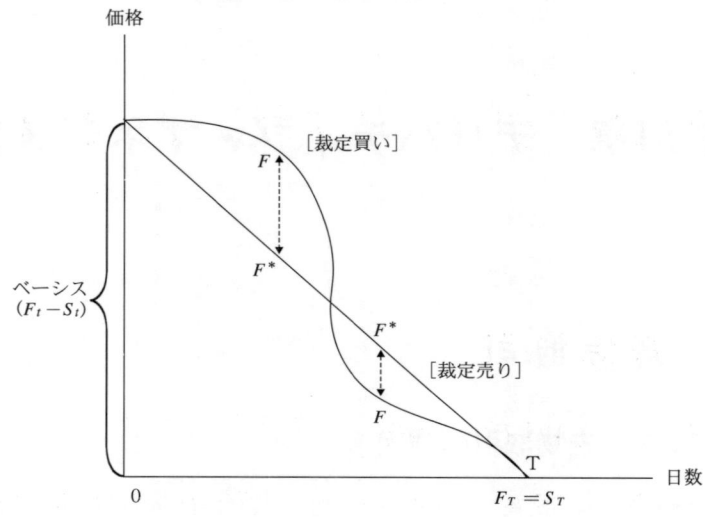

## 1.2　裁定買い

$t$ 時点で $F_t > F_t^*$ のとき借入金で現物買い $S_t$，同時に先物売り $F_t$ を行う方法である。

$$(F_t - F_T) + (S_T - S_t e^{(r-d)(T-t)}) \tag{14.2}$$

満期日 $T$ では $F_T = S_T$ であるから（14.2）は以下のように書き換えることができる。

$$F_t - S_t e^{(r-d)(T-t)} = F_t - F_t^* > 0 \tag{14.3}$$

## 1.3　裁定売り

$t$ 時点で $F_t < F_t^*$ のとき現物を借りて $S_t$ で売り，同時に先物買い $F_t$ を行う方法である。

$$(F_T - F_t) + (S_t e^{(r-d)(T-t)} - S_T) \tag{14.4}$$

第14章　デリバティブ・マネジメント

満期日$T$では$F_T=S_T$であるから（14.4）は以下のように書き換えることができる。

$$-F_t+S_t e^{(r-d)(T-t)}=-F_t+F_t^{*}>0 \tag{14.5}$$

## 1.4　プット・コール・パリティ

摩擦のない市場で，金利が同一であるとの前提で，記号はいままでのものを準用する。そこで株式のコール・オプション買いと株式のプット・オプション買い＋株式現物買い＋行使価格の現在価値の借入れというポートフォリオをつくり，契約開始時と満期決済時のキャッシュ・フローを［図表14.2］ように一覧表でまとめた。これによると満期決済時において，コール・オプション買い$X$とポートフォリオ$Y$が同じ結果であることが確認できる。このことは無裁定条件では契約開始時においても価値は等しいことを意味する。

$$C_t=P_t+S_t-Ke^{-r(T-t)} \tag{14.6}$$

（14.6）をプット・コール・パリティ（put-call parity）という。

［図表14.2］　プット・コール・パリティ

| | | キャッシュ・フロー | 満期日 | |
|---|---|---|---|---|
| | | | $S_T>K$ | $S_T<K$ |
| $X$ | コール買い | $-C_t$ | $S_T-K$ | 0 |
| $Y$ | プット買い | $-P_t$ | 0 | $K-S_T$ |
| | 株式現物買い | $-S_t$ | $S_T$ | $S_T$ |
| | 行使価格の現在価値（借入れ） | $Ke^{-r\tau}$ | $-K$ | $-K$ |
| | $Y$の合計 | $-P_t-S_t+Ke^{-r\tau}$ | $S_T-K$ | 0 |

（注）　$T-t=\tau$

上記式が等しくなければ裁定機会が生じる。すなわち，$C_t<P_t+S_t-Ke^{-r\tau}$のときはコール・オプション買いとポートフォリオ$Y$を売却すれば裁定利益(鞘)を

第4部　デリバティブ（Derivative）

得ることができる。

## 1.5　裁定取引の事例

株価が40，短期金利(年)が6％，配当利回り(年)が1％のとき，満期日まで3か月を残す先物株価が41である。どのような取引を行うか。

$F^* = 40e^{(0.06-0.01) \times 0.25} = 40.5$

よって$F > F^*$であるから裁定買いを行って，裁定利益（41−40.5）＝0.5を得る。

## 1.6　パリティ裁定取引の事例

いま，原資産価格が30である。権利行使価格30.75，満期日まで3か月のヨーロピアン・タイプのコール・オプションの価値が2であり，プット・オプションの価値が2.25である。安全資産の利益率が10％（年率）として，裁定利益を求める（配当は考慮しない）。

コール買い＜プット買い＋株式買い−行使価格の現在価値(借入れ)

$2 < 2.25 + 30 - 30.75e^{-0.025} = 32.25 - 29.99 = 2.26$

よってコール買い$X$とポートフォリオ$Y$を売れば，0.26の裁定利益を得る。

# 2　ポートフォリオ・インシュランス

## 2.1　原　　理

いまExcelの関数ウィザードＩＦを用いて［図表14.3］のような先物，オプション取引ペイオフの合成を試みると，株式購入の下落はプット・オプション買いをすれば損失を相殺することができる。この合成をプロテクティブ・プット（protective put）という。

第14章　デリバティブ・マネジメント

[図表14.3]　ポートフォリオ・インシュランス

| | B3 | ▼ | fx | =IF(B1>100, B1-100,0) | | | | | |
|---|---|---|---|---|---|---|---|---|---|
| | A | B | C | D | E | F | G | H | I | J |
| 1 | 最終価格(S)S=100 | 80 | 85 | 90 | 95 | 100 | 105 | 110 | 115 | 120 |
| 2 | 現物ポートフォリオ(A) | -20 | -15 | -10 | -5 | 0 | 5 | 10 | 15 | 20 |
| 3 | コール買い(B)K=100 | 0 | 0 | 0 | 0 | 0 | 5 | 10 | 15 | 20 |
| 4 | コール売り(C)K=100 | 0 | 0 | 0 | 0 | 0 | -5 | -10 | -15 | -20 |
| 5 | プット買い(D)K=100 | 20 | 15 | 10 | 5 | 0 | 0 | 0 | 0 | 0 |
| 6 | プット売り(E)K=100 | -20 | -15 | -10 | -5 | 0 | 0 | 0 | 0 | 0 |
| 7 | プロテクティブ・プット(A+D) | 0 | 0 | 0 | 0 | 0 | 5 | 10 | 15 | 20 |
| 8 | 無リスク資産運用(F)5% | 5 | 5 | 5 | 5 | 5 | 5 | 5 | 5 | 5 |
| 9 | プット買い(G)K=105 | 25 | 20 | 15 | 10 | 5 | 0 | 0 | 0 | 0 |
| 10 | プロテクティブ・プット(A+G) | 5 | 5 | 5 | 5 | 5 | 5 | 10 | 15 | 20 |
| 11 | フィデュシャリ・コール(B+F) | 5 | 5 | 5 | 5 | 5 | 10 | 15 | 20 | 25 |
| 12 | 複製ポートフォリオ(S)+(F) | 5 | 5 | 5 | 5 | 5 | 5 | 10 | 15 | 20 |

　株式は(市場)ポートフォリオが最適運用であるから，この運用値下がりリスクの回避にこのような保険を掛けることをポートフォリオ・インシュランス(portfolio insurance, 以下，ＰＩ)という[1]。この手法はどのような経路をとろうとも期末には結果が同じになるということから経路依存（path-independent）型であり，ＯＢＰＩ（option based portfolio insurance）といわれる。

　[図表14.3]においてプロテクティブ・プットのペイオフは最低保証利益，すなわちフロアー（floor）＝０のＯＢＰＩである。このペイオフ・ダイアグラムは[図表14.4]に示されている。権利行使価格Ｋ＝105にすれば，フロアーはゼロから＋５に維持されるプロテクティブ・プットとなる。

　ところが，プロテクティブ・プットのペイオフはコール買いと同一である。したがって，ＰＩはコール・オプション（＝プロテクティブ・プット）に無リスク資産(フロアーに相当)を組み合わせればよいことになる。これはフィデュシャリー・コール（fiduciary call）で"cash-secured put"とも呼ばれる。このペイオフ・ダイアグラムは[図表14.5]で示した。

---

1 ) 　Luskin, D. L. ed. [1988] *Portfolio Insurance*, Wiley & Son.

第4部　デリバティブ（Derivative）

[図表14.4]　プロテクティブ・プットのペイオフ

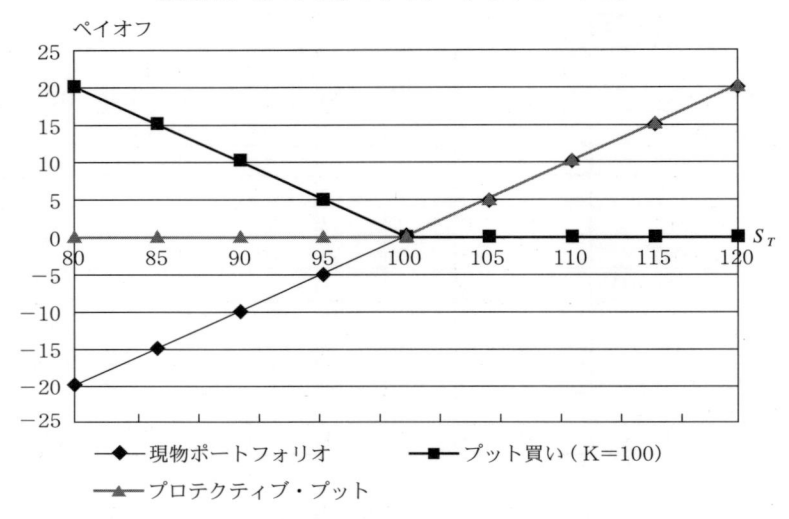

──◆── 現物ポートフォリオ　　──■── プット買い（K=100）
──▲── プロテクティブ・プット

[図表14.5]　フィデュシャリ・コールのペイオフ

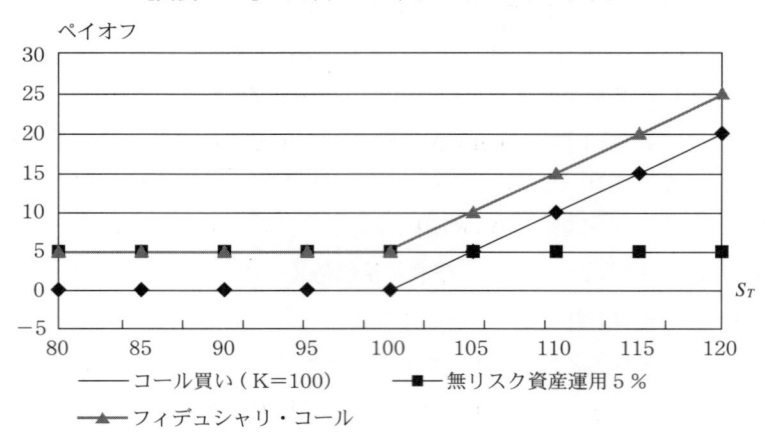

─── コール買い（K=100）　　──■── 無リスク資産運用5％
──▲── フィデュシャリ・コール

　しかしオプション取引は行使価格，行使期間の諸条件から市場での流動性が乏しいともいわれる。そのため，コール・オプションの株式と無リスク資産からなる複製ポートフォリオを作ることになるが，株価変動によりリバランス（rebalance）する必要がある。これをダイナミック・ヘッジ（dynamic hedge）

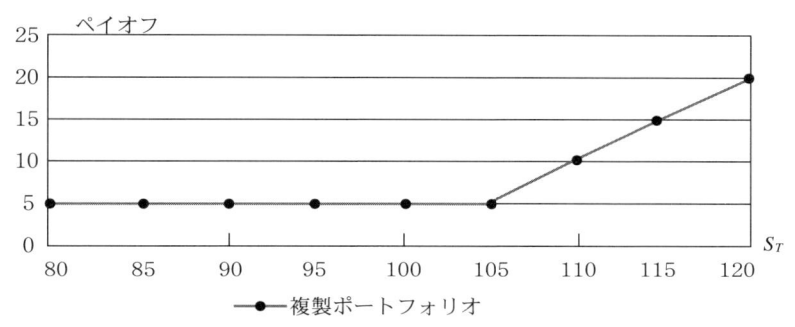

第14章 デリバティブ・マネジメント

[図表14.6] 複製ポートフォリオのペイオフ

という。このペイオフ・ダイアグラムは［図表14.6］で示した。さらに株式のリバランスは手数料の節減から先物市場で取引するから、ＰＩは最終的には先物取引と無リスク資産の運用となる。

以上をＰＩのストラクチャーの展開を整理してみよう。

ＰＩ⇒プロテクティブ・プット（株式買い＋プット・オプション）
　　⇒フィデュシャリ・コール（コール・オプション＋無リスク資産）
　　⇒コール・オプションの複製ポートフォリオ（株式＋無リスク資産）
　　⇒複製ポートフォリオのリバランス（ダイナミック・ヘッジ：先物市場の利用）

## 2.2 複製ポートフォリオ（ＣＲＲモデル）

まずＣＲＲモデルは２項ツリーであるから無裁定・完備市場であり前章［図表13.1］と同じツリーを用いて［図表14.7］のようにコール・オプションの価値を株式と無リスク資産（貯蓄）に複製する。$X$は株式数，$B$は無リスク資産（貯蓄），$r$は無リスク金利で10％とする[2]。

後方から順次，計算すればよい。コール・オプションの複製の式を示す。

---

2）　内藤一郎[1998]『経営財務論』法政大学出版局，pp.179－180.
　　榊原茂樹[1992]『株式ポートフォリオのリスク管理』東洋経済新報社，pp.75－86.

第4部　デリバティブ（Derivative）

[図表14.7]　コール・オプションの価値と複製

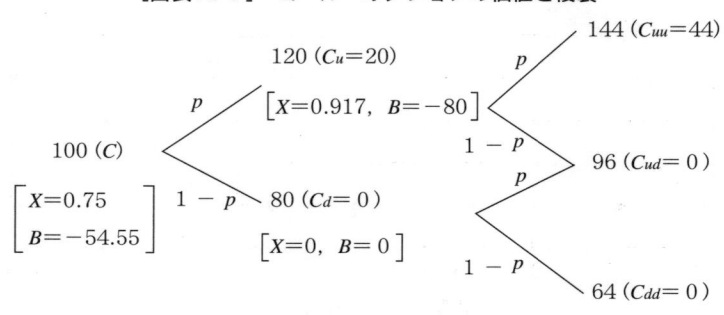

$$
\begin{array}{c}
100\ (C) \\
\begin{bmatrix} X=0.75 \\ B=-54.55 \end{bmatrix}
\end{array}
\begin{array}{c} p \\ \diagup \\ 1-p \\ \diagdown \end{array}
\begin{array}{c}
120\ (C_u=20) \\
\begin{bmatrix} X=0.917,\ B=-80 \end{bmatrix} \\
80\ (C_d=0) \\
\begin{bmatrix} X=0,\ B=0 \end{bmatrix}
\end{array}
\begin{array}{c} p \\ \diagup \\ 1-p \\ \diagdown \\ p \\ \diagup \\ 1-p \\ \diagdown \end{array}
\begin{array}{c}
144\ (C_{uu}=44) \\
96\ (C_{ud}=0) \\
96\ (C_{ud}=0) \\
64\ (C_{dd}=0)
\end{array}
$$

$144X+1.1B=44 \qquad 96X+1.1B=0$

$X=0.917 \qquad B=-80$（借入れ）

$120X+1.1B=120\times0.917-80 \qquad 80X+1.1B=0$

$X=0.75 \qquad B=-54.55$（借入れ）

このことから，コール・オプションの価格は$100\times0.75-54.55=20.45$である。

また，この複製ポートフォリオを持っていれば，株価が120に上昇したときは80を借りて，そのうち金利分を含めた$54.55\times1.1=60$の返済と$120\times(0.917-0.75)=20$の株式購入に当てる。逆に株価が80に下落すれば，すべての株式を売却して，その金額で金利分を含めた返済に充当する。このように複製ポートフォリオはコール・オプションとペイオフが一致する。また複製ポートフォリオは株価が上昇すると借入れを増やして株式を購入することになる。

## 2.3　ヘッジ比率

[図表14.7]はコールオプションを複製するための株式の組入比率はプロテクティブ・プットのヘッジのための株式の組入比率でもある。これをヘッジ比率（hedge ratio）$H_s$という。

これは上記計算から簡単に一般式を求めることができよう。

$$H_s=\frac{C_u-C_d}{(u-d)S} \qquad (14.7)$$

(14.7)はコール・オプションの価値の変化と株価の変化の比であるからB

－Ｓモデルのデルタ $\Delta$ に相当する。［図表14.7］を再度，ヘッジ比率から計算してみよう。

$$H_{Cu}=\frac{44-0}{120\times(1.2-0.8)}=0.917 \quad H_{Cd}=0 \quad H_C=\frac{30-0}{100\times(1.2-0.8)}=0.75^{3)}$$

このように $H_s$ は株価変動により複製ポートフォリオをリバランスする必要があることがわかる。

## 2.4 ダイナミック・ヘッジの構造（B－Sモデル）

B－Sモデルを用いてプロテクティブ・プットからフィデュシャリ・コールと複製ポートフォリオへと展開する。プット・オプションの価値 $V_t^p$ は

$$V_t^p = -S_t\Phi(-d_1) + Ke^{-r\tau}\Phi(-d_2) \tag{14.8}$$

である。そこでプロテクティブ・プット1株単位は $S_t + V_t^p$ であり，さらに $1-\Phi(-d_1)=\Phi(d_1)$ であるから

$$\begin{aligned}S_t+V_t^p &= S_t - S_t\Phi(-d_1) + Ke^{-r\tau}\Phi(-d_2)\\ &= S_t[1-\Phi(-d_1)] + Ke^{-r\tau}\Phi(-d_2) = S_t\Phi(d_1) + Ke^{-r\tau}\Phi(-d_2)\\ &= S_t\Phi(d_1) + Ke^{-r\tau}[1-\Phi(d_2)] \qquad (14.9)\\ &= S_t\Phi(d_1) - Ke^{-r\tau}\Phi(d_2) + Ke^{-r\tau} = V_t^c + Ke^{-r\tau}\end{aligned}$$

となる。

(14.9)はフロアーを $Ke^{-r\tau}$ として $V_t^c$ の複製ポートフォリオについて $S_t\Phi(d_1)-Ke^{-r\tau}\Phi(d_2) \rightarrow S_tX-Be^{r\tau}$ を作ればよい。そのとき現物ポートフォリオ（株価） $S_t$ が変動するから，コール・オプション価値 $V_t^c$ はデルタ（$\Delta=\dfrac{\partial V_t^c}{\partial S_t}$）に従って，リバランスする必要がある。

---

3） $p=\dfrac{(1+r)-d}{u-d} \quad C_u=\dfrac{pC_{uu}+(1-p)C_{ud}}{1+r} \quad C_d=\dfrac{pC_{ud}+(1-p)C_{dd}}{1+r}$
を代入すると，
$p=\dfrac{1.1-0.8}{1.2-0.8}=\dfrac{3}{4} \quad C_u=\dfrac{0.75\times44+0.25\times0}{1.1}=30 \quad C_d=\dfrac{0.75\times0+0.25\times0}{1.1}=0$
となる。

第4部　デリバティブ（Derivative）

## 2.5　ダイナミック・ヘッジの事例（B－Sモデル）

20週間（1年＝52週）の価格変動に対するコール・オプションの合成コールをB－Sモデルを用いてダイナミック・ヘッジすなわち株式と無リスク資産の複製とリバランスしたExcelによる計算の結果が［図表14.8］が示されている[4]。パラメーターの数値は前章［図表13.5］と同じである。

[図表14.8]　コール・オプションのリバランスのシミュレーション

|    | 株価 | Callオプション価値 | Δ | ポートフォリオ価値 | 株式投資 | 債券投資 |
|----|------|------------------|-------|-----------------|--------|---------|
| 20 | 35.5 | 2.37 | 0.630 | 2.37 | 22.36 | －19.99 |
| 19 | 34.63| 1.80 | 0.549 | 1.80 | 19.02 | －17.22 |
| ～  | ～ | ～ | ～ | ～ | ～ | ～ |
| 0  | 37.50| 2.50 | 1.000 | 2.50 | 37.50 | －35.00 |

さて［図表14.8］の第1行について見てみよう。コール・オプションの価値は2.37であり、そのExcel計算は前章［図表13.5］ですでに示した。この金額の資金を用意して、次いでコール・オプションは株式の変化に対し第4列でコール・デルタが0.630であるので、第6列の株式投資では0.630×35.5で22.36の株式を購入する。このためには2.37－22.36＝－19.99の第7列の無リスク債券の投資（すなわち借入れ）を行う。よって第5列のポートフォリオの価値は2.37となる。各週次、株価変動に基づいてコール・デルタに基づき同様なポートフォリオの組成をExcelで繰り返し計算した。清算日の0週次ではコール・オプションにおいては in-the-money（$S=37.50>K=35.00$）の状態にあるので株式が所有され、それに最初の自己資金2.37を控除した株式購入投

---

[4]　シミュレーションのデータは Luenberger, D.G. [1998]*Investment Science*,Oxford University Press, Inc.（今野浩、鈴木賢一、枇々木規雄訳 [2002]『金融工学入門』日本経済新聞社, pp.454－457.）のエクソン社の株価に基づくコール・オプションの事例に準拠するが、無リスク債券、金利（年率）と株式のボラティリティの数値は変えている。

齋藤誠 [2000]『金融技術の考え方・使い方』有斐閣, pp.174－180.

下資金が無リスク債券（借入れ）で運用されたことになる（実際は借入れである）。

## 2.6　先物取引による利用

こうしたデルタ・ニュートラルに基づくリバランスを行うとき，現物ポートフォリオ（株式）では取引費用がかかり過ぎるので，先物市場で行うことが一般的である。そこでまず先物価格の理論値が $F_t = S_t e^{r(T-t)}$ であることを想起して，現物ポートフォリオ（株式）のデルタヘッジのポジション $H_S$ は先物取引のデルタヘッジのポジション $H_F$ とすれば，以下の関係にある。

$$H_F = e^{-r(T-t)} H_S \tag{14.10}$$

## 2.7　運用上の問題点

いままでは基礎商品を株式で考えたが，実際の多額のファンドの対象は多数のポートフォリオをインデックスと関係させて運用する。そのときインデックス・ポートフォリオとインデックス・オプションにおけるB－Sモデルはインデックス・ポートフォリオの $\beta$ ，金利 $r$ ，ボラティリティ $\sigma$（インプライド・ボラティリティ）のパラメーターは所与とされている。実際，これらは変動するので，頻繁なリバランスを必要とする。

まず多数の株式による擬似インデックス・ポートフォリオであれば，CAPMの $\beta = 1$ から乖離する場合がある。これは追跡誤差（tracking error）という。このエラーのためのリバランスも必要とされる。OBPIはリーランド（Leland, H.E.）の理論化を嚆矢に急速にファンド・マネージャーの運用方法として盛行した[5]。しかし，リバランス，それに取引コストとデリバティブ取引を用いる時間依存型運用は本質的な欠点として指摘された。このため，より効率的な

---

5) Leland, H. E. [1985] "Who Should Buy Portfolio Insurance," *Journal of Finance* 35, pp. 581-594.

第4部　デリバティブ（Derivative）

投資戦略が考案された。そのひとつが，CPPI（constant proportion portfolio insurance）で危険資産を$C$(クッション)$\geq 0$まで変動しない限り，そのままにし続ける戦略である[6]。

---

6) Perold, A. F., Sharpe, W. F. [1988] "Dynamic Strategies for Asset Allocation," *Financial Analysts Journal 45,* pp. 16−27.
　　Black, F., Perold, A. F. [1992] "Theory of Constant Proportion Portfolio Insurance," *Journal of Economics and Control 16,* pp. 403−426.
　　佐藤猛 [2000]「ＰＩの基本的理論展開－市場リスクに対応して－」『会計学研究』日本大学商学部会計学研究所，pp. 44−61.

## むすびに代えて

　以上，証券市場の基礎理論を体系的にまとめたが，ここではさらに別の視点から体系化を補充してむすびに代えたいと思う。
　まず，市場構造と理論の関係である。理論モデルは常に現実に対する考察から市場構造がどの様な形をとるかにより，以下のように分類されるであろう。

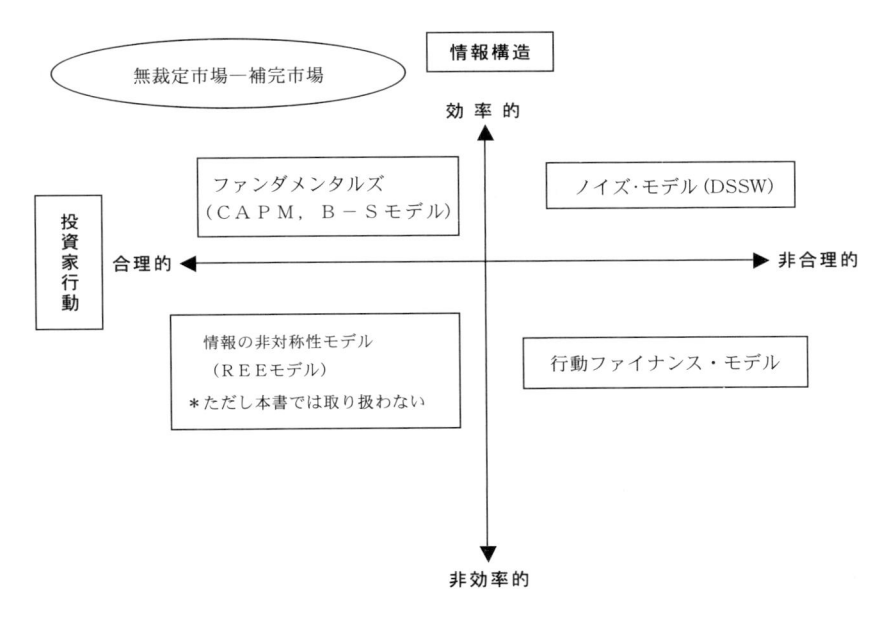

```
         （無裁定市場―補完市場）    情報構造
                                      ↑ 効率的
              ファンダメンタルズ        ノイズ・モデル (DSSW)
              (CAPM, B-Sモデル)

  投資家
  行動    合理的 ←――――――――――――――→ 非合理的

              情報の非対称性モデル     行動ファイナンス・モデル
              （REEモデル）
              *ただし本書では取り扱わない

                                      ↓ 非効率的
```

　つぎに本書のモデルを各章ごとに関連させると，以下のようなシェーマにまとめることができよう。すなわち，理論モデルとは理論的なアイディアのモデル（原モデルということにする）があって，その後はこのモデルの一般化（一般均衡化）・拡張がなされる。これは以下の進展の過程を辿る。

　　原モデル→離散型→1期1証券（変数）→1期n証券（変数）
　　　　　　→n期n証券（変数）→連続（時間）型
　　　　　（行列式またはn次元）（微分・積分）

たとえば，ポートフォリオ理論などは典型的にこの過程からなる。すなわち2証券ポートフォリオから，n証券ポートフォリオへ拡張される。ＣＡＰＭからICAPMまたはＡＰＴへの進展も同様である。
　さらにモデルの展開は前提を緩和化することによる拡張・一般化がなされる。たとえば，誤差項の正規分布を一般化することは効率市場仮説から非効率市場仮説へと導く。
　こうしたアカデニズムの方法論について，基礎理論のみをもってして太刀を振り回す程の資格はないが現在，以下の方針で自分のノートを作成している。
　証券市場の理論において「重要な原モデル」についてのみ一般化が必要であろうと思われる。そして証券市場の理論を学ぶ際には「重要な原モデル」の基準は証券市場で企業が資金調達し，その価値を投資から評価する視点に立脚して，現実の説明可能な理論のみに限定される。

# 索　引

## 〔あ行〕

アービトラージ（裁定）（arbitrage） ……79
APT（arbitrage pricing theory） ………109
OTM（out the money） ………………125
アクティブ（active）運用 ……………116
ATM（at the money）…………………125
アノマリー（anomaly） ………………38
アメリカン・オプション（american option）……………………………122
アロード・ドブリュー証券（Arrow-Debreu security）……………………23
アロー-プラット（Arrow, J. K., Pratt. J.）……………………………………16
アンシステマティック・リスク（unsystematic risk）…………………98
EBOモデル（EBO model） ……………48
イールド・カーブ（yield curve）モデル …………………………………57, 69
異常収益率（abnormal return） …………35
伊藤のレンマ（Ito's lemma） …………135
イベント・スタディ（event study） ……34
イミュニゼーション（immunization） …55
ITM（in the money） …………………125
IARA（increasing absolute risk aversion）型効用関数 ……………………18
IOストリップ（interest only strip） ……61
インプライド・ボラティリティ（implied-volatility）………………………………142
ヴァシチェク（Vasicek. O. A.） …………72
ウィーク（weak）型 ……………………32
ウィリアムズ（Williams, J. B.） …………43
エキゾティック・オプション（exotic option） ……………………129
エドワードーベル（Edwards, J., Bell, P.）……………………………………48
MM（Miller, Modigliani）理論 ………44, 46
オールソン（Ohlson, J.）………………48
OBPI（option based portfolio insurance） …………………………………149
オプション取引（option trade） ………122

## 〔か行〕

拡散（diffusion）項 ……………………66
確率過程（stochastic process） …………62
確率微分方程式（stochastic differential equations：SDE） ……………………66
確率変数（stochastic variable, random variable） ……………………………62
過去のボラティリティ（historical volatility）…………………………………142
過小反応（underreaction） ………………81
過剰反応（overreaction） ………………81
カネーマン・トゥベルスキー（Kahenman, D., Tversky, A.） ………75
株価収益率（price earning ratio：PER）…38
株価純資産倍率（price-book value ratio：PBR）…………………………………48
完備市場（complete market） …………23
幾何ブラウン運動（geometric brownian motion）………………………………67
ギブソン・パラドックス（Gibson paradox） ……………………………9
吸収状態（absorbing state）……………70
共分散（covariance） ……………………88
共分散行列（covariance matrix） ………90
金融市場（financial market） ……………3
金利の期間構造（term structure of interest rate） ……………………………56
クリーン・サープラス関係（clean surplus relation） ……………………48

159

繰返し期待値の法則(law of iterated expectations:RE) ……46
グロース(growth)投資 ……116
グロスマン-ハート(Grossman, S., Hart, O.) ……4
経路依存(path-independent)型 ……149
ケインズ(Keynes, J. M.) ……73
限定合理性(bounded rationality) ……73
権利行使価格(striking price) ……122
行動ファイナンス(behavior finance) ……73
効用関数(utility function) ……13
効率的市場仮説(efficient market hypothesis:EMH) ……30
効率的フロンティア(efficient frontier) ……93
合理的期待均衡(rational expectations equilibrium:REE) ……73
ゴードン(Gordon, M. J.) ……43
ゴードン・モデル(Gordon model) ……44
コックス-ロス-ルービンシュタイン(Cox, J. C., Ross, S. A., Rubinstein, M.:CRR) ……132
コラーブル・ボンド(callable bond) ……59
CARA(constant absolute risk aversion) ……19
CPPI(constant proportion portfolio insurance) ……156
コンビニエンス・イールド(convenience yield) ……124
コンビネーション(combination) ……128
コンベクシティー(convexity) ……55

〔さ行〕

サベージ(Savage, L. J.) ……73
最終利回り(yield to maturity:YTM) ……50
最小分散フロンティア(minimum variance portfolio frontier) ……93
裁定(arbitrage) ……145
最適ポートフォリオ(optimal portfolio) ……95
サイモン(Simon, H. A.) ……73
先物取引(future trade) ……122
先渡(フォワード)取引(forward trade) ……122
サブ・マルチンゲール(sub-martingale) ……31
算術ブラウン運動(arithmetic brownian motion) ……66
残余請求権(residual claim) ……4
シェフリン(Shefrin, H.) ……82
シェフリン-スタマン(Shefrin, H., Staman, M.) ……83
シカゴ・マーカンタイル取引所(CME) ……121
時間的価値(time value) ……124
シグナル効果(signal effect) ……45
自己資金ポートフォリオ(self-financing portfolio) ……136
自己資本利益率(return on equity:ROE) ……47
資産担保証券(asset backed securities:ABS) ……5
市場分断説(market segmentation hypothesis) ……58
市場ポートフォリオ(market portfolio) ……94
システマティック・リスク(systematic risk) ……98
資本化率(rate of capitalization) ……43
資本資産評価モデル(capital asset pricing model:CAPM) ……103
資本市場(capital market) ……3
資本市場線(capital market line:CML) ……102
資本証券(Kapitalwertpapier) ……4
シミュレーション(simulation) ……71
シャープ(Sharpe, W. F.) ……95

シャープ-リントナー(Sharpe, W. E, Lintner, J.) ……103
シャープ・レシオ(Sharpe ratio) ……113
シャープの測定(Sharpe's measure) …112
社債担保証券(collateralized bond obligation：CBO) ……5
社債の格付け(rating) ……70
ジャンセンの$\alpha'$(Jensen's $\alpha'$) ……114
ジャンセンの測定(Jensen's measure) ……112
修正デュレーション(modified duration) ……54
シュライファー-ヴィシュニー(Shleifer, A., Vishny, R. W.) ……79
純粋期待仮説(pure expectation hypothesis) ……56
商業不動産モーゲージ担保証券(commercial mortgage backed securities：CMBS) ……5
証券化(securitization) ……5
証券市場線(security market line：SML) ……105
条件付期待値(conditional expectation) ……30
条件付請求権(contingent claim) ……24
状態依存請求権(state contingent claim) ……23
状態価格(state price) ……22
消費CAPM(comsumption-CAPM) …107
情報の非対称性(asymmetry of information) ……45
ショート(short：売り持ち) ……122
シラー(Shiller, R. J.) ……37
シングル・ファクター・モデル(single-factor model) ……108
真正価値(intrinsic value) ……124
推移確率(transition probability) ……67
スーパー・マルチンゲール(super-martingale) ……31
ストラドル(stradle) ……128
ストラングル(strangle) ……128
ストロング(strong)型 ……32
スマート・インベスター(smart investor) ……74
スワップ取引(swap trade) ……122
セイラー(Thaler, R. H.) ……75
世代重複モデル(overlapping generation model) ……77
絶対的危険回避度(absolute risk aversion：ARA) ……17
接点ポートフォリオ(tangent portfolio) ……97
セミ・ストロング(semi-strong)型 ……32
ゼロ・ベータ・ポートフォリオ(zero-beta portfolio) ……106
ゼロ・ベータCAPM(zero-beta CAPM) ……106
ゼロ・ポートフォリオ(zero portfolio) 109
セント・ペテルスブルグのパラドックス(Paradox of St. Petersburg) ……12
相関係数(correlation) ……88
相対的危険回避度(relative risk aversion：RRA) ……17

〔た行〕

TAC(targeted amortization classes) …60
第1種の裁定機会(arbitrage opportunity of the first type) ……21
ダイナミック・ヘッジ(dynamic hedge) ……150
第2種の裁定機会(arbitrage opportunity of the second type) ……22
単回帰分析(simple linear regression analysis) ……34
チェン・ルール(chain rule) ……11
チェン-ロール-ロス(Chen, N., Roll, R., Ross, S. A..) ……111

161

超過期待収益(excess expected return) ……………………………………31
直交条件(orthogonal condition) ………109
追跡誤差(tracking error) ……………155
定常過程(stationary process) …………33
テイラー展開(Talyor's polynomial) …18
DSSW(Delong, B, Shleifer., A, Summers, L., Waldmann, R.) ……………………77
デボンド-セイラー(De Bondt, M., Thaler, R. H.) ……………………………38
デュレーション(duration) ………………53
デリバティブ(derivative) ………………121
転置行列(transpose of matrix) …………21
投資収益率(return on investment) ……10
投資心理(investment psychology) ……73
同値マルチンゲール確率測度(equivalent martingale probability measure) ……27
動的補完市場(dynamically complete market) ……………………………………29
特定目的会社(special purpose company: SPC) …………………………………… 6
トランシェ(tranché：階層) …………5, 61
ドリフト(drift)項 ………………………66
トレナーの測定(Treynor's measure) ……………………………………………112

〔な行〕

2項ツリー(binominal tree) ………25, 132
2項モデル(binomial model) ……………64
ノイズ・トレーダー(noise trader) ……73
ノイズ・モデル(noise model) ……………77

〔は行〕

ハーシュライファー(Hirshleifer, D.) …74
配当割引モデル(dividend discount model：DDM) ……………………………43
HARA族効用関数(hyperbolic absolute risk aversion utility function) ………17
バシェリエ(Bachelier, L.) ………………62
派生市場(derivative market) ………… 3
パッシブ(passive)運用 …………………116
バベリース-シュライファー-ヴィシュニー(Barberis, N., Shleifer, A., Vishny, R.) ………………………………80
パラメーター$f(S, K, \sigma, r, \tau)$ ……………142
バリュー(value)投資 ……………………116
バリュー・アット・リスク(VaR：value at risk) ……………………………………115
パレート最適(pareto optimal) …………28
美人投票論(beauty contest) ……………73
1株当たり利益(earning per share：EPS) ……………………………………44
ヒューリスティック(heuristic) …………82
標準ブラウン運動(standard brownian motion) ………………………………65
標準偏差(standard variance) ……………88
ファーマ(Fama, E. F.) ……………………30
ファーマ-フレンチ(Fama, E. F., French, K. R.：EF) ………………………47, 117
ファイナンス(finance) ………………… 3
ファット・テイル(fat tail) ………………34
ファンダメンタルズ・リスク(fundamentals risk) ………………………78
フィッシャー(Fisher, I.) ………………… 6
フィッシャー効果(Fisher effect) ……… 9
フィッシャーの分離定理(Fisher's separation theorem) ………………… 7
フィデュシャリー・コール(fiduciary call) ……………………………149
フィルトレーション(filtration：増大情報系) …………………………………27
フェア・ゲーム(fair game) ………………31
フォンノイマン-モルゲンステルン(von Neumann-Morgenstern) …………13
複製(duplication) ………………………23
プット・コール・パリティ(put-call parity) …………………………………140

不動産投資信託(リート)(real estate investment trust:REIT) ……6
ブラック-ショールズ(Black, F., Scholes, M.)モデル ……134
フリー・ランチ(free lunch) ……117
フリードマン(Friedman, M.) ……121
POストリップ(principal only strip) ……61
プレイン・バニラ・オプション(plain vanilla option) ……129
プレイン・バニラ・スワップ(plain vanilla swap) ……123
フレーム依存(frame dependence) ……82
プレミアム(premium) ……122
フロアー(floor) ……149
プロスペクト(prospect) ……75
プロテクティブ・プット(protective put) ……148
分散(variance) ……88
ヘッジ比率(hedge ratio) ……152
ベルヌーイ(Bernoulli, D.) ……12
ベンチマーク・エラー(benchmark error) ……108
ポートフォリオ(portfolio) ……87
ポートフォリオ・インシュランス(portfolio insurance) ……149
ポートフォリオの分離定理(portfolio separation theorem) ……97
保険原理(insurance principle) ……98
ボラティリティ・スマイル(volatility smile) ……142
ボラティリティ・テスト(volatility test) ……37
ホワイトノイズ(white noise) ……33

〔ま行〕

マーコビッツ(Markowitz, H. M.) ……87
マーコレー(Macaulay, F.) ……53
マーコレーのデュレーション(Dmac) ……53
マルコフ連鎖(markov chain) ……67

マルチ・ファクター・モデル(multi-factor model) ……108
マルチンゲール確率測度(martingale probability measure) ……25
マルチンゲール(martingale) ……31
マルチンゲール表現定理(martingale representation theorem) ……28
M-V(means-variance) ……87
無裁定市場(arbitrage-free market) ……22
無裁定条件(arbitrage-free condition) ……145
モーゲージ・ペイスルー債券(mortgage pay-through bond:MPTB) ……59
モーゲージ証券担保債務証書(collateralized mortgage obligation:CMO) ……5, 61
モーゲージ担保証券(債券)(mortgage backed securities:MBS) ……5, 58
モンティア(Montier, J.) ……143
モンテ・カルロ・シミュレーション(montecarlo simulation) ……71

〔や行〕

ヨーロピアン・オプション(european option) ……122

〔ら行〕

ラグランジェの解(lagrange's solution) ……93
ラドン-ニコディム微分(Radon-Nikodym derivative) ……27
ランダム・ウォーク(random walk) ……31, 63
リーランド(Leland, H. E.) ……155
離散(discrete time)型 ……9
リスク・プレミアム仮説(risk premium hypothesis) ……57
リスク愛好(risk lover)型 ……15
リスク回避(risk aversion)型 ……15
リスク中立(risk neutral)型 ……15

163

リスク中立確率測度(risk-neutral probability measure) ……………25
リスクとリターン(risk & return) ……87
リスクの市場価格(market price of risk) ……………………………102
利付債(interest bearing-bond)…………50
リバランス(rebalance) ………………150
流動性プレミアム仮説(liquidity premium hypothesis) ………………………58
累積異常収益率(cumulative abnormal return:CAR) …………………35
ルービンスタイン(Rubinstein, M.) …142
連続(continuous time)型 ……………… 9

連続複利(continuous compound rate)… 8
ロール(Roll, R.) ………………………108
ローン担保証券(collateralized loan obligation:CLO) ………………… 6
ロス(Ross, S. A.) ………………………108
ロング(long:買い持ち) ……………122
ロンドン市場における銀行間出し手レート(London interbank offered rate:LIBOR) ……………………123

〔わ行〕

割引債(discount bond) …………………50

## <著者略歴>

**佐藤　猛**（さとう　たけし）

| | |
|---|---|
| 1949年 | 静岡県（沼津市）に生まれる |
| 1972年 | 明治大学政経学部卒業 |
| 1972年 | 東京証券取引所に勤務（1996年まで） |
| 1993年 | 明治大学大学院経営学研究科博士後期課程中退 |
| 1994年 | 明治大学経営学部非常勤講師（1997年まで） |
| 1996年 | 日本大学商学部助教授 |
| 2002年 | 同教授 |

著者との契約により検印省略

平成20年3月20日　初版第1刷発行

## 証券市場の基礎理論

| | |
|---|---|
| 著　者 | 佐　藤　　　　猛 |
| 発行者 | 大　坪　嘉　春 |
| 印刷所 | 税経印刷株式会社 |
| 製本所 | 株式会社　三森製本所 |

発行所　東京都新宿区下落合2丁目5番13号　株式会社　税務経理協会

郵便番号 161-0033　振替 00190-2-187408　電話(03)3953-3301(編集部)
FAX(03)3565-3391　　　　　　(03)3953-3325(営業部)
URL http://www.zeikei.co.jp/
乱丁・落丁の場合はお取替えいたします。

Ⓒ　佐藤　猛　2008　　　　　Printed in Japan

本書の内容の一部又は全部を無断で複写複製（コピー）することは、法律で認められた場合を除き、著者及び出版社の権利侵害となりますので、コピーの必要がある場合は、予め当社あて許諾を求めて下さい。

ISBN978-4-419-05020-7　C1034